U0840750

电车行记

刘 爽 编著

联合编写

王启达 王 康

摄 影

白 羽 陈 晨 韩梦华 郝润之 郝运丰 李庆铭 历 刚
刘 爽 刘镇豪 石绍其 苏 航 孙 迪 田 天 陶东凯
王 康 王启达 吴 戈 叶 明 尤建炜 赵 歆 仲广智

九州出版社
JIUZHOUPRESS

图书在版编目（CIP）数据

电车行记 / 刘爽编著 . -- 北京 : 九州出版社，
2024. 6. -- ISBN 978-7-5225-3115-1

Ⅰ . F572.89

中国国家版本馆 CIP 数据核字第 20240GL561 号

电车行记

作　　者　刘　爽　编著
责任编辑　古秋建
出版发行　九州出版社
地　　址　北京市西城区阜外大街甲 35 号 (100037)
发行电话　(010)68992190/3/5/6
网　　址　www.jiuzhoupress.com
印　　刷　北京天工印刷有限公司
开　　本　850 毫米 ×1168 毫米　16 开
印　　张　18
字　　数　460 千字
版　　次　2024 年 8 月第 1 版
印　　次　2024 年 8 月第 1 次印刷
书　　号　ISBN 978-7-5225-3115-1
定　　价　270.00 元

引　言

在编写《北京公共汽车：1949—2019》之前，我就曾考虑将中国的煤矿无轨电车历史结合运转成果总结成书，无奈内容不够充实，只得暂时放弃。2022 年 8 月，我和历刚驾车穿行山西大同口泉沟，见到一些建筑和电车遗迹，让人感怀。回京之后又重拾已被搁置几年的想法，但仍无头绪。恰好王启达老师向我提议，可将我们十多年追逐无轨电车的经历系统整理，编著一本反映中国电车发展历程的图书。在他的鼓励和帮助下，我们商定以中国无轨电车为主题，兼顾几个历史较长的有轨电车系统，合力完成这部前所未有的“电车专著”。我们这次不仅要满足公共交通爱好者的精神需求，还要为全社会保存一份特别的生活记忆，以便后世领略当代中国之沧桑。

电车——这个由两个字组成的专有名词，其意义在今天已经有了变化。纯靠电池提供能量、能够自由行驶的各类车辆在当今中国非常普遍，人们暂时称这类车为“电动车”，以区别于传统意义上的、需从电线取电的公共交通工具。在 20 世纪，“电车”还曾是公共交通的代名词，但是随着时间的推移，尤其是无轨电车在交通出行中的地位不断下降和新能源汽车的快速普及，“电车”或“坐电车”的语意一定会比一百年前有较大改变。这种变化趋势给这本书的命名带来了一定的困扰，好在经历过电力公共交通的几代人仍对电车有一定的认识，电车的兴衰也在社会发展历程中留下了很多印迹。

以《电车行记》为名，并非电车爱好者的创意，而是一位媒体策划老师迸发的灵感，我和我的朋友们对此非常认同。电车与我们的生活共同前行，公交爱好者以独特的视角记录下了旅行漫步的风物景致，书中的城市历史和我们的故事正是时代前行的记录。《电车行记》是一个群体的智慧结晶，此书涉及城市较多，我在编写过程中得到了比过去更多人的帮助和感动。大家把多年积累的资料毫无保留地贡献出来，或不辞辛劳带我实地考察，只求尽量全面地呈现中国电车发展历史，讲好我们的故事，在此特向为《电车行记》添砖加瓦的朋友们表示最诚挚的感谢。

电车已经在中国行驶了一百多年，我们这代人的电车记忆始于公共电车在中国最为兴盛的 20 世纪 80 年代，真正用心记录各类公共交通设施则是在 2000 年以后才开始的，因此本书所展示的图片大多出自最近二十年，更早的图片，读者可借助互联网继续探索。我们也不能忘记，在改革开放初期，中国主动对外开放旅游，来自欧洲、美国、日本的交通爱好者由此开启了神秘的中国电车和铁路之旅。这些人为我们留下了大量珍贵的 80 年代中国电车影像资料，他们拍摄的视频、照片近些年在互联网上与全世界分享，成为当代中国城市历史的重要佐证。

无轨电车和有轨电车只是交通爱好者关注众多主题中的两项，圈内的各种爱好点给我们带来了无限的认识世界的空间，如果您也对未知世界充满好奇，那就和我们一起乘上电车，在过去与未来之间自由地穿行，共同完成一次新奇的电车之旅吧。

编者

2024 年 3 月

目　录

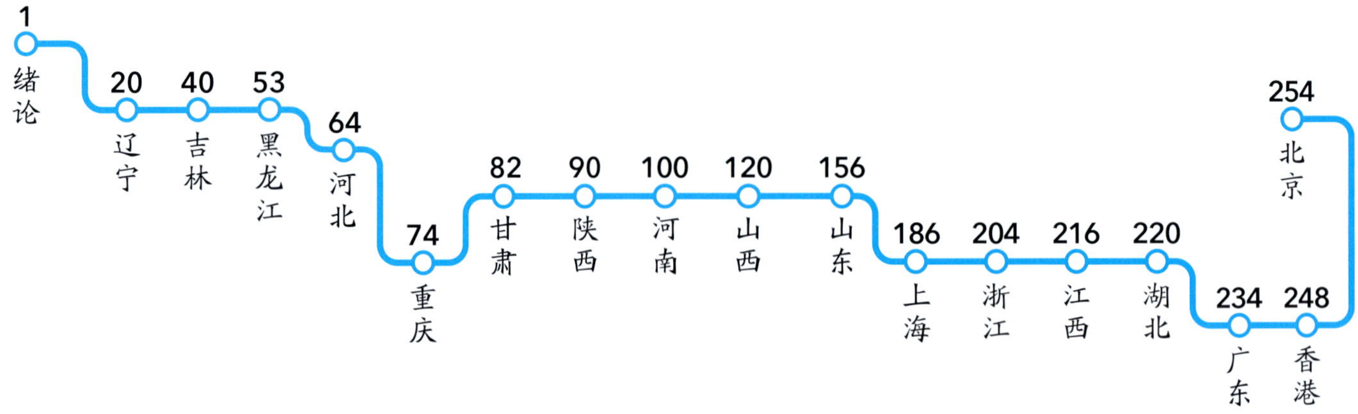

中国电车系统分布简图

有轨电车　在用　234 索引页码

无轨电车　停用

* 此图不含 2010 年以后新建有轨电车

绪 论

电车的起源

19 世纪下半叶，第二次工业革命把人类社会带入电气化时代，电动机、电话、电灯先后出现。在交通领域，公共马车、马拉铁道车和蒸汽机驱动的货车、客车已经难以满足人们对出行效率和车辆性能的要求，而此时开发电气化交通工具的技术条件已日趋成熟。第二次工业革命的代表人物之一、德国人维尔纳·冯·西门子 (Werner von Siemens) 早在 1847 年就萌生了发明一种电磁力驱动车辆的想法。1880 年，西门子开始将他的理想变为现实，两个以电动机技术为核心的科技转化成果即将诞生。1881 年 5 月 16 日，西门子和哈尔斯克公司 (Siemens & Halske) 在柏林 Lichterfelde 建造的世界上第一条有轨电车开通运营。第二年，西门子又在柏林 Halensee 开行了一条 540 米长的不需要轨道的电车线路，并把这种车命名为“Elektromote”，即 “电力移动”车。这条线路是现代无轨电车的雏形，它仅在 1882 年 4 月 29 日至 6 月 13 日试验运行。

1882 年，正在试运行的西门子 Elektromote

西门子 Elektromote 配装 2 台 2.2kW 电动机，采用线缆拖拽滑车滚轮在架空线上滑动的软连接集电方式。1889 年 7 月，美国人哈维·迪布尔设计的硬杆拖拽集电滑块的集电器获得专利，他在南达科他州的希尔城架设了双向试验线路。1897 年，威利斯·卡弗里在内华达州里诺建立了自己的试验线，卡弗里设计的 2 条触线为上下垂直布线，车辆只能在线路一侧行驶。法国工程师伦巴第·热林于 1900 年初在巴黎塞纳河畔建立了一条 900 米长的无轨电车测试线，伦巴第·热林电车的集电滑车装有一个三相感应电机，可与电车同步行进。1900 年 8 月至 11 月，他在巴黎圣芒德世界博览会开行了 2.5 公里无轨电车接驳线路，这是世界上第一条载客无轨电车。

1889 年，美国“电力牵引之父”弗兰克·斯普拉格为弗吉尼亚州里士满有轨电车设计了滚轮在触线下方滚动受电的集电装置，由集电杆拉簧提供向上的升力。在此基础上，英国发明家阿尔弗雷德·迪金森将其改进为集电杆两端可以自由偏转的更灵活的单杆集电器，于 1893 年 4 月获得专利。受有轨电车集电器的启发，曾在西门子公司工作的电气工程师马克斯·席曼结合瑞士斯坦施塔德有轨电车的集电靴技术，研发出无轨电车的双杆集电器。1901 年 1 月 13 日，席曼公司在萨克森的柯尼希施泰因展示了车顶纵向排列 2 根集电杆的无轨电车，这辆车采用 500V 直流供电，电气系统来自西门子公司。一个月后当地批准他架设电线、开行电车。7 月 10 日，从柯尼希施泰因城市广场到造纸厂的 2.5 公里电车正式通车，这是全世界最早开通的无轨电车之一，在它之前，1901 年 3 月 22 日，勃兰登堡的埃伯斯瓦尔德开通了世界上第一条营运无轨电车，埃伯斯瓦尔德电车采用伦巴第・热林集电器，线路长 1 公里，票价 10 芬尼，仅运行了 3 个月。

柯尼希施泰因电车系统有 4 辆电车和若干载货拖车。1902 年 2 月，席曼又在柯尼希施泰因开通一条 1.6 公里的货运电车线路，使用 3 号电车为专用载货邮车，这辆车安装了一对并排的集电杆，与现代无轨电车基本一致。1904 年 9 月，柯尼希施泰因电车因效益不佳停运。席曼公司自 1907 年起在米尔豪森和汉堡等地建立了 4 个无轨电车系统，均采用双线单杆集电方式。在 20 世纪初，法国、德国、美国、意大利的电车系统验证了多种集电方式，而线距 600 毫米的并列双杆形式直到二战之后才被确立为无轨电车标准集电方式。此外早期开辟的无轨电车大多只有单向触线，如果对向行驶的两辆电车相会，需有一方停车，由司机拉下集电杆让对方先行，或双方停车交换集电器（电源线）继续行驶。

左：集电杆前后布置的柯尼希施泰因无轨电车

右：上海第一批无轨电车采用双线单杆集电方式

美国 Twin Coach 客车制造厂 1940 年为西雅图生产的无轨电车，采用西屋电机，该批次共 135 辆，1978 年 1 月全部退役

无轨电车的发展

1908 年，英国无轨电力牵引公司获得席曼的技术许可，开始在英国本土建立试验线路。在掌握电车技术之后，英国又把无轨电车推广到殖民地。1914 年英商在上海租界开行的无轨电车就采用了席曼的单杆集电技术。20 世纪初，汽车和石油工业都不发达，汽车的技术性能难以满足公共交通需求，无轨电车凭借动力好且无需燃料的优点，在与公共汽车的竞争中占得先机。第一次世界大战期间，无轨电车在英国和美国开始普及，欧洲大陆国家受战争影响，电车发展缓慢。一战后城市建设逐渐恢复，无轨电车相比有轨电车建设速度更快，造价更低，充气橡胶轮胎的使用又提高了无轨电车的舒适性，减少了因颠簸造成脱线的风险。在两次世界大战之间的十几年里，无轨电车在英、美两国发展最快。20 世纪 30 年代，美国开通 40 多个无轨电车系统，苏联有 6 座城市建成无轨电车，德国无轨电车直到 40 年代才有所发展，第二次世界大战结束时，英国伦敦有 1700 多辆无轨电车，居世界首位。

1945 年以后，西方资本主义国家大力发展汽车工业，私人小汽车快速增长，加之战后基础设施建设飞速发展，公路和大运量城市轨道交通网络不断扩展，城市结构发生改变，一些早年开办的私营电车或电铁线路经营困难，只得停运或被政府收购。汽车工业的快速发展带动了商用车技术水平不断提高，无轨电车除电机、电控以外的部件与公共汽车完全通用，二者在外廓限值和总质量等方面的技术标准必然统一，载客能力处于同一水平，无轨电车只剩无排放、噪声小、启动力强、连续加速性好等优点，而无轨电车建设投资大、改线不便、机动性差等特点相比公共汽车又处于明显劣势。在权衡公共汽车与无轨电车的经济效益之后，西方国家放弃了无轨电车。

在整个冷战时期，电车在以美国和苏联为首的两大阵营呈现了不同的发展状态。美苏两国的城市建设理念差异很大，苏联把公共电车提升到了国家意识形态的高度，强调以电气化的公共交通工具为人民出行带来优越感。有轨电车、无轨电车恰好可以体现社会主义的建设成果和人文关怀，这也非常符合苏联优先发展重工业的指导方针。在计划经济体制内，苏联根据人口规模和工业产值，为城市配套建设无轨电车、有轨电车和地铁，公共汽车只是电力公交系统的补充。

美国鼓励发展私人小汽车的消费导向与宣扬自由的意识形态相契合，这既适应美国的城市结构，又能满足资本市场对发展商品经济的极致追求。享受战后红利的美国，凭借廉价的石油燃料和先进的汽车技术，在大都会城市快速普及大马力液力传动公共汽车，替代电传动客车和无轨电车。大都会外围城镇居民出行以私人小汽车为主，或以市郊铁路连通都市圈。

美国俄亥俄州代顿市，ETI 斯柯达 14TrF2 无轨电车，1998 年在代顿组装生产，2019 年 10 月退役

美国无轨电车在20世纪50年代发展到顶峰，全美拥有50多个电车系统，运营7000多辆无轨电车，此后便走向衰落，目前只剩西雅图、旧金山、代顿和费城4座城市保留无轨电车。英国在50年代有38个无轨电车系统，但是到1972年无轨电车已经全部退出英国。60至70年代，德国、日本、比利时、法国、西班牙等老牌工业化国家关闭了几百条无轨电车线路，而苏联则在这二十年间新建了100多个无轨电车系统。1991年苏联解体之际，全苏共有195个城市运行着20000多辆无轨电车，线路总里程10000多公里，“大板楼”前行驶的电车和街道上空交织的电车线网成为苏联的文化符号之一。

三次石油危机和严重的空气污染也曾让人们反思拆除无轨电车的得失，但是并没有让无轨电车复苏。进入21世纪，全球无轨电车再次衰退。在保加利亚、罗马尼亚、乌克兰、俄罗斯，以及高加索和中亚的一些国家，100多座城市相继告别无轨电车。2014年，莫斯科以100多条无轨电车线路和近1600辆无轨电车的规模排名世界第一，然而这一年莫斯科市做出了一个让所有人都难以理解的决定——拆除无轨电车，以纯电动客车替代。莫斯科无轨电车于2020年全部停用，1000多辆电车转交全俄十几座城市，仅保留少量电车收入博物馆，又设立3公里环行线路做展示性运行。

2023年，全世界无轨电车规模最大的3座城市依次为白俄罗斯首都明斯克、俄罗斯的圣彼得堡和乌克兰首都基辅。如果单以无轨电车数量统计，北京以1096辆稳居世界第一，圣彼得堡805辆排名第二，第三是明斯克719辆。但是明斯克运行着62条无轨电车线路，全世界最多，圣彼得堡47条，基辅46条，北京只有32条。而且北京利用无轨电车线网使用在线充电式电动车的新运营模式又与欧洲城市的传统模式不同，所以在线网功能和规模方面也很难对等比较。另外3座城市还运营着庞大的有轨电车系统，其中圣彼得堡有40条线路，总长231公里，排名世界第二。当今世界有轨电车规模最大的4座城市分别是墨尔本、圣彼得堡、柏林和莫斯科。

在电车刚刚问世的年代，有轨电车的运行方式、乘坐环境给当时的哲学家、社会学家带来了全新的认知体验，开拓了人们的思维空间，从而又再次推动了人类文明的进化。经过一百多年的发展，有轨电车已经成为大容量、高效率的城市交通项目。无轨电车在全球公共交通体系中的地位被有轨电车、公共汽车和其他新型交通工具不断挤占，近年来新能源汽车的发展又给无轨电车带来了新的挑战，但是无轨电车为全世界城市发展和环保事业做出的贡献不容忽视。未来无轨电车仍将担负环保与交通出行的历史使命，人类社会更应该理性面对科学发展的历史规律，继续创建可持续的公共交通方式。

捷克布尔诺市26路，2015年投入运营的SOR CITY TNB 18斯柯达31Tr，18.75米低地板铰接式无轨电车

上：2018 年 6 月，俄罗斯远东城市哈巴罗夫斯克，苏联时期制造的 KTM-5M3 有轨电车和 ZIU-682D 无轨电车

中：美国西雅图，2015 年上线的加拿大 New Flyer XT40 低地板电车和 1991 年制造的意大利 Breda 柴电双源铰接电车（已拆除辅源）

下：美国旧金山市场街，F 线历史文化线路的 PCC 电车在此路段使用无轨电车触线的正极供电

中国城市公共无轨电车年表 1949 – 2023

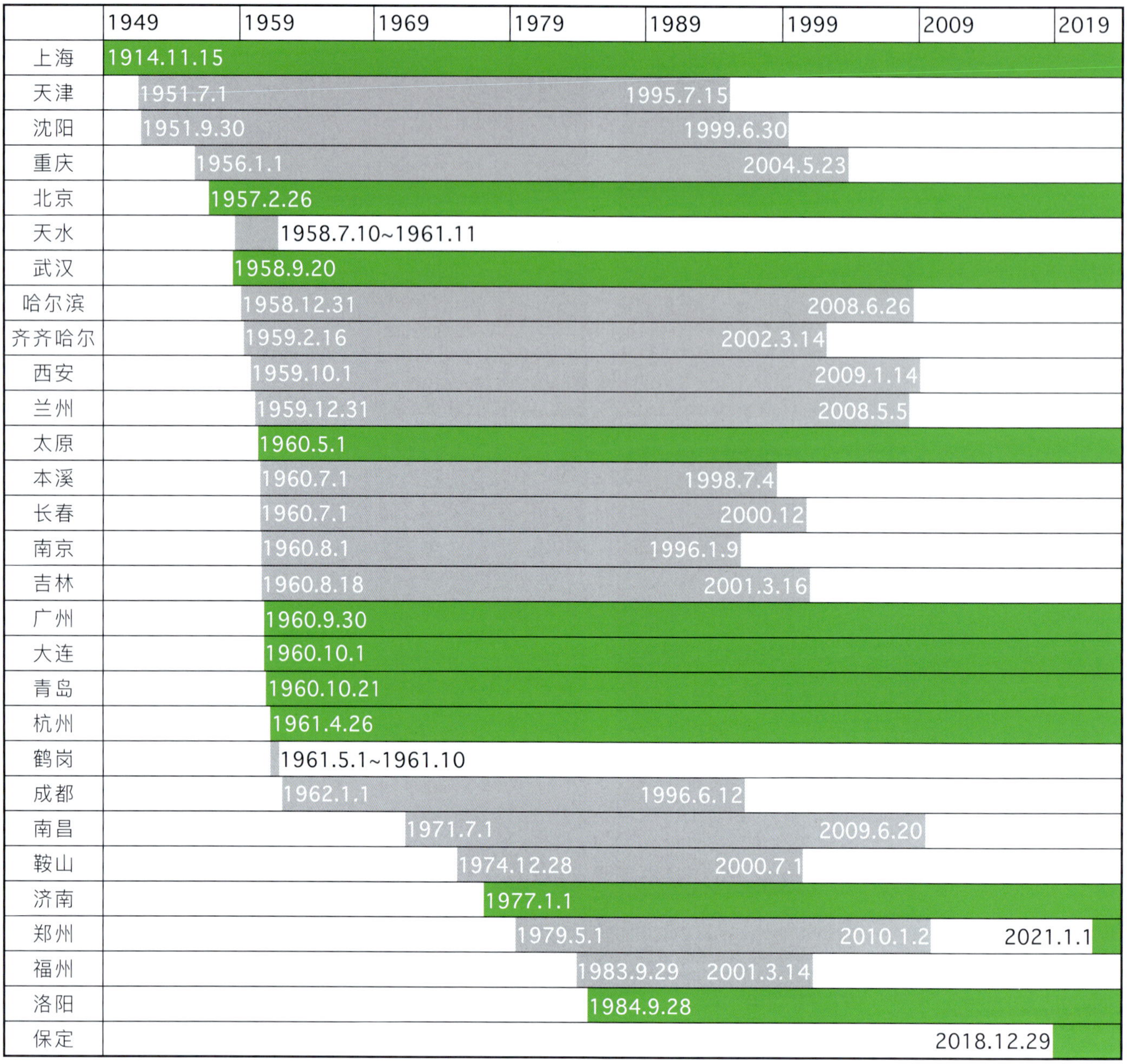

	1949 1959 1969 1979 1989 1999 2009 2019
上海	1914.11.15
天津	1951.7.1 1995.7.15
沈阳	1951.9.30 1999.6.30
重庆	1956.1.1 2004.5.23
北京	1957.2.26
天水	1958.7.10~1961.11
武汉	1958.9.20
哈尔滨	1958.12.31 2008.6.26
齐齐哈尔	1959.2.16 2002.3.14
西安	1959.10.1 2009.1.14
兰州	1959.12.31 2008.5.5
太原	1960.5.1
本溪	1960.7.1 1998.7.4
长春	1960.7.1 2000.12
南京	1960.8.1 1996.1.9
吉林	1960.8.18 2001.3.16
广州	1960.9.30
大连	1960.10.1
青岛	1960.10.21
杭州	1961.4.26
鹤岗	1961.5.1~1961.10
成都	1962.1.1 1996.6.12
南昌	1971.7.1 2009.6.20
鞍山	1974.12.28 2000.7.1
济南	1977.1.1
郑州	1979.5.1 2010.1.2 2021.1.1
福州	1983.9.29 2001.3.14
洛阳	1984.9.28
保定	2018.12.29

中国近代有轨电车统计

	开通	初始资方	系统最大规模	停用	轨距 mm	现状（总长）
香港	1904.7.30	港英政府	1953 年至今		1067	6 条线，30km
天津	1906.6.2	比利时通用银行财团	1950 年 8 条线	1972.12.31	1000	
上海	1908.3.5	上海英商电车公司	1936 年 19 条线	1975.12.10	1000	
大连	1909.9.25	“满铁”	1958 至 1965 年 8 条线		1435	2 条线，23.1km
北京 *	1924.12.17	官商合股、法国贷款	1958 年 9 条线	1966.5.6	1000	
沈阳 *	1925.10.10	奉天省	1952 年 6 条线	1974.7.3	1435	
哈尔滨	1927.10.10	吉林省永衡官银钱号	1953 至 1958 年 8 条线	1986.6.27	1000	
长春	1941.11.1	伪满新京交通株式会社	1958 年 7 条线		1435	2 条线，15.3km

* 北京 1899 年开通第一条有轨电车，1900 年损毁

* 沈阳第一段有轨电车由“满铁”附属地的马车铁道改建，1924 年底开通

在用

停用

中国无轨电车发展概略

1888 年，唐胥铁路延伸到天津，天津成为中国第一个接通铁路的城市。1906 年 6 月 2 日，由比利时人建立的“天津电车、电灯公司”开辟沿围城马路行驶的“白牌”有轨电车，天津又成为当时中国除香港外唯一运行电车的城市。此后又在“九国租界”相继开辟了红、蓝、黄、绿 4 条线路，1927 年开通东北角到海关的“花牌”电车，至 1948 年天津已有 8 条有轨电车，线路长度 25.3 公里。1949 年 1 月 15 日，天津解放，电车工人心怀极大的热情，仅用 6 天就修复了在战争中遭到破坏的电车线路，1 月 22 日，天津有轨电车全面恢复。为了尽快恢复生产，改善产业工人的出行条件，天津市决定新建一条由东车站（今天津站）沿六纬路到小孙庄（今东兴路）的有轨电车，但因工程量大、与铁路有交叉等原因不宜施工，遂改为新建无轨电车，并计划从国外购买 10 辆电车。然而西方对中国的经济封锁又使进口电车计划无法实施，1949 年 11 月，天津成立电车技术小组，决心自主制造无轨电车。1950 年 12 月 12 日，第一辆电车试制成功，此车长约 8 米，外观酷似苏联吉斯 -155 客车。1951 年 7 月 1 日，天津首条无轨电车正式开通，由东车站至新仓库，全长 5.215 公里。沈阳市在 1951 年 5 月决定兴建无轨电车，随即从天津购入电车 20 辆，于 10 月 1 日开通 1 路无轨电车西段，由沈阳站至三经街，11 月 20 日贯通至大南门，12 月 15 日又开通新华社至和平广场的 2 路无轨电车。

20 世纪 50 年代，我国工业基础薄弱，有轨电车基建投入大，相比无轨电车建设需钢量极高，因此很难发展。旧社会建立的有轨电车又大多存在建设标准低、载客量小、维护费用高等问题，例如北京、上海、哈尔滨有轨电车轨距为 1000 毫米，车辆轴重和车体限界均小于长春、大连的 1435 毫米准轨系统。因而大部分有轨电车随着城市的改建逐步拆除，以无轨电车或公共汽车替代。受苏联城市规划理论与燃油短缺的影响，中国从“一五”计划开始大规模建设无轨电车，1956 至 1962 年，有 18 座城市开辟了无轨电车，这其中除天水、鹤岗是自行上马，短期开行以外，其余均为大型城市的基础设施配套项目。这些无轨电车系统方便了群众出行，为经济建设发挥了重要作用。无轨电车作为新中国的建设成果之一，也给人民群众带来了极大的精神鼓舞。

1960 年是中国电车建设的最高潮，有 8 座城市在这一年开通无轨电车，1961 年杭州和成都电车又相继建成。1962 年国民经济大幅度调整，从中央到地方，压缩开支、厉行节约，关停一大批建设项目，未开辟电车的城市暂停电车建设。“文革”期间，只有南昌和鞍山兴建了无轨电车。

70 年代末至 80 年代初，中国无轨电车迎来第二次发展高峰，多地开始新建、扩建电车系统，济南、郑州、福州、洛阳在这一时期成为新兴电车城市。1981 年，国家城建总局制订了《加强城市公共交通工作的若干规定》，确立了“汽电并举”的工作方针，无轨电车发展重回正道。1982 年，北京 104 路由汽车改回电车，沈阳开通 16 路电车，上海 27 路电车替代 37 路汽车，年底天津开通新 98 路电车（八里台—怒江道，原 98 路为高峰联运线），1983 年 1 月 25 日上海新辟 9 路电车（虹口公园—五角场）——全国电车形势一片大好。天津无轨电车在 1985 年发展到最大规模，开行 8 条线路，运营电车 160 多辆。天津电车虽规模可观，但线网比较集中，基本以中心站和天津站为中心沿海河两岸向南发展。受中环线和天津站等建设工程影响，1986 至 1989 年，95、98、99、91、92、96 路先后变成汽车线路。

20 世纪 90 年代初，中国有 26 座城市运行无轨电车，电车线路 140 多条，运营电车 4000 多辆，为历史最高水平。1993 年，中国进入社会主义市场经济体制建立时期，公共交通市场化改革不断深入，对政府补贴依存度极高的无轨电车开始衰减。1995 年 7 月，天津成为中国第一座关闭电车系统的大城市，1996 年，南京、成都停用无轨电车，随后是东北老工业基地的电车系统纷纷关停，到 2010 年，中国还剩上海、北京、武汉、广州等 10 座电车城市。最近十几年，这些电车城市不断加大公用事业投入，未再出现整个系统关停的城市。不过 2024 年以后中国无轨电车可能又将进入衰减阶段，洛阳已经在 2023 年末停用电车线网，太原、杭州等城市亦多年未更新无轨电车，未来国内无轨电车或将被新能源公交逐渐取代。

龟山脚下驶过武汉长江大桥的上海 4000 型无轨电车

国产无轨电车的崎岖之路

20 世纪 50 年代初，新中国尚未建立汽车工业，当时上海、天津、沈阳、重庆使用的第一批国产无轨电车都是利用民国时期遗留的外国卡车底盘改装制成。1956 年长春第一汽车制造厂建成投产，解放卡车立即成为国产客车的技术基础，各地开始使用解放车桥、发动机或底盘总成组装公共汽车，全国的电车生产单位也利用解放 CA10B 卡车底盘和苏联援助的电车技术，制造了一批完全国产化的无轨电车，例如京一型、上海 4000 型、沈阳 58 型、天津 59 型等。1959 至 1960 年，北京和上海的客车制造厂先后研制成功京一型 BK560 和上海 SKD663 铰接式无轨电车。这两款车的长度都接近 15 米，载客量超过了旧系统的有轨电车，BK560、SKD663 和沈阳 64 型等第一代大容量铰接式无轨电车的生产也推动了无轨电车替代有轨电车的进程。

天津无轨电车开通时，除自制电车以外，还将 2 辆苏联吉斯 ЗИС-154 客车改装为无轨电车。吉斯 -154 是苏联利用美国援助技术生产的柴油电传动客车，苏联和罗马尼亚均有吉斯 -154 改装无轨电车的先例。1955 年，苏联向我国援助了 МТБ-82Д 型无轨电车全套技术图纸，同时提供 1 辆 МТБ-82Д 在上海试运行。МТБ-82Д 的电控和 ДК-202Б 型电动机技术直接应用于第一代国产无轨电车。北京电车公司早在 1952 年就筹划为未来的电车系统引进捷克斯柯达无轨电车。1958 年，我国从捷克比尔森列宁工厂进口 72 辆斯柯达 8Tr 无轨电车，分配给北京 70 辆，另有 2 辆在上海试用之后转交北京。1975 年北京电车公司又转给鞍山 15 辆，1984 年全部退役。这批 8Tr 是中国唯一一次批量进口的无轨电车。

在计划经济时期，除洛阳、福州等少数城市以外，大部分电车城市都有装配生产无轨电车的能力。60、70 年代，为缓解运力不足的矛盾，广州、武汉、北京、天津等地曾经把单机无轨电车改装成铰接车。80 年代无轨电车第二次集中发展对车辆技术提出了更高的要求，电车也和国内其他行业一样，准备向国外学习、引进技术。这一时期欧洲无轨电车也正处于新的一轮技术探索之中，在德国、捷克、法国和意大利，无轨电车研发结合客车制造新技术，向低地板、大型化方向发展。而同时期中国无轨电车仍以 60 年代生产的上海 SKD663、SKD644 及京一 BK541、BK560 等车型为主，普遍使用串激式直流电动机和电阻降压启动。70 年代末问世的北京 BD562、天津 TJ561、沈阳 SY561 等新型电车，尽管采用了可控硅电控、球形铰接等新技术，但是载客量相比 SKD663、BK560 等上一代车型并没有提升。究其原因，主要是受我国商用车技术发展缓慢且滞后的影响，电车底盘仍然停留在 50 年代的解放 CA10B 技术水平，电车广泛使用的浦江驱动桥可被看作上海生产的 CA10B 车桥，二者并无实质区别，其技术性能极大限制了国产无轨电车向大功率和大运力方向发展。因此当时国产无轨电车的发展方向就是在普及可控硅斩波调压技术的基础上，寻求更大吨位的新一代无轨电车驱动桥和底盘。

上海客车厂 1979 年试制 SK570 型 17.5 米大型无轨电车，采用双电机 6×4 驱动，4 个乘客门。80 年代沈阳和北京的电车生产厂相继开发新一代大容量铰接电车。沈阳客车厂 1986 年研制的 SY-D90C 型 17.22 米 4 门铰接电车（见第 22 页），最大总质量 28 吨，采用重汽斯太尔 13 吨级轮边减速驱动桥，标配 120kW 电机，可选装 2 台 75kW 电机 6×4 驱动。北京电车制配厂于 1989 年试制成功 BJD5170 型铰接电车，长 17.69 米，选用湘潭电机厂逆导型晶闸管斩波调速，120kW 电机，重庆川汽轮边减速驱动桥。

为了加快我国无轨电车技术换代，1986 年城建部从捷克斯洛伐克引进 2 辆斯柯达 14Tr 电车，分别交给沈阳和北京的相关单位用于仿制研发。但是斯柯达 14Tr 的中央下沉式轮边减速驱动桥、大功率油冷可控硅斩波器等一系列技术都超出了我们当时的仿制能力，北京的 14Tr 被拆解之后只能遗弃。北京、重庆、沈阳电车生产厂家比照 14Tr 的“11 米 16 吨”技术标准开发了几款样车，采用重庆川汽或重汽斯太尔 13 吨级轮边减速驱动桥，其中只有沈阳的 SY-D60C 和 SY-WG110A 实现量产，销往智利、阿根廷、尼泊尔和蒙古国，国内未能普及。

90 年代无轨电车发展的不确定性增加，国产电车遭遇技术瓶颈。北京电车制配厂开发的 18 米电车仅生产 10 辆，全国运营电车仍以上海浦江或一汽 171 四类底盘的 15 米级铰接车型为主。为了迎合公共交通市场化改革和无人售票的需求，国产无轨电车又随城市客车行业转而生产前悬开门的单机车型，致使无轨电车大容量的优势无从施展，而无轨电车的售价还要比同级别的汽车高出 8%~10%，效费比低的劣势更为突出，这种现象在一定程度上催生了各地放弃无轨电车的想法。90 年代末，带辅源或带空调的电车已有初步发展。各地采用浦江 1A 或一汽 CA151 双级减速驱动桥的单机电车，在总吨位（12 吨）没有增加的条件下，车身长度已经超过 10.5 米。上海、杭州和武汉又开发出基于东风 153 技术的 11 米、16 吨级无轨电车，北京、济南则采用重汽斯太尔技术发展出 12 米、18 吨级有大梁无轨电车，这些车型逐渐取代了上一代铰接电车。采用重汽或安凯斯太尔底盘的无轨电车，虽然解决了大扭矩、大吨位的技术问题，但乘降便利性仍然落后于 50 年代的斯柯达 8Tr。武汉扬子江在 2002 年研制出中国第一辆一级踏步空调电车，直到 2006 年国内公交行业才开始推广无障碍车型。当今世界，中国制造的大型客车遍布全球，国产无轨电车也随客车制造行业在全球市场开拓了一片空间，近年来国产无轨电车已经出口到哈萨克斯坦、摩洛哥、亚美尼亚、墨西哥等国家，并且还在进一步扩展市场。

1986 年引进到北京电车公司的斯柯达 14Tr07 无轨电车

20 世纪 80 年代中国生产最多的两款无轨电车，北京 BD562 和上海 SK561G

BJD5170(BJD-D90C) 型 18 米级无轨电车样车

电车触线网的视觉争议

无轨电车没有地面回流线路，所以必须架设正、负两条触线，这两条触线好似悬挂在空中的一对轨道，再加上绷线和各类悬吊装置不免让人眼花缭乱。西方工业化国家很早就注意到了城市街道上空电力、通信、电车线网所引起的视觉不适和安全问题。第二次工业革命之后的城市规划特别重视交通设施与城市景观的融合，经过近几十年的改建和整治，大部分现代化城市都做到了架空线入地，让城市景观更为纯净，但电车架空线却因其使用方式而很难做到全部入地。实际上如果某一路段上空只存在电车线网，而无其他线缆出现，也能做到电车线网与街道景观的和谐融洽。近代天津、大连有轨电车就采用了统一的圆拱形悬臂梁，与路灯合为一体，对街道景观起到了美化的作用。但在一些古代建筑集中的街区，有景观需求的城市广场，特别是电车线路比较密集的路口，电车架空线确实会对城市景观造成影响，并且给行人、游客的感观带来不适。

无轨电车架空触线网的"视觉污染"在中国通常被看作拆除电车的理由之一，这个理由并非是20世纪90年代才由专家提出的观点，"视觉污染"的争议始终伴随着中国电车的发展。20世纪50年代，全国人民思想统一，团结一致，都在为更快更好地建设社会主义工业化国家而奋斗，城市里林立的烟囱和街道上空绵延的架空电线在当时被视为工业化和电气化的标志。70年代，当无轨电车发展遇到阻碍的时候，电车线"视觉污染"问题开始加入电车发展的"负面清单"。改革开放初期，我们国家各项事业蓬勃发展，电车事业迎来第二次上升期，电车线的"视觉污染"不再被提及，这时无轨电车建设已经非常注重线网架设方式对街道景观的影响，并且提出以双源无轨电车解决路口线网过于密集，通过效率低等问题。90年代后期，城市建设直接影响到无轨电车的生存，"视觉污染"因拆除电车的舆论需要而被"发掘"并放大。对宣传部门来说，这个观点相对于投资大、运行效率低、改线不便等实际问题似乎更容易被群众接受。在21世纪的前二十年，经过几番拆与建的争议，大家对电车的去留更为理性。未来无论电车如何发展，我们都需要明确这样一个观点，"视觉污染"本身是一个主观感受的心理问题，它不应该成为一种公共交通工具存续的决定性因素。

摆脱线网依赖是无轨电车的梦想

无轨电车机动性差的特点源于对供电线网的依赖，运行中又常有因脱线或供电故障而停驶的风险。20世纪70年代，西德和日本基于柴油发电机和铅酸电池两种辅源技术路线，开发了第一代可以脱线行驶的无轨电车和纯电动客车，但都因成本高、效率低、有污染等问题而未能推广。

中国的双源无轨电车是在90年代拆除线网的巨大压力下开始发展的，各地电车制造、运营单位也曾在这次危机中主动寻求突破。第一代双源电车以应急通过断电区段或无线网路口为目的，采用气动控制集电杆升降和锁止，以铅酸电池做为辅源，脱线距离一般在3~5公里。铅酸电池能量密度低，可用放电量只有30%，其最高充电电压须按线网最低电压设置，所以电池额定电压通常设定为380~420V，电车脱线车速最高35km/h，空调必须断电。铅酸电池辅源的使用大幅增加了无轨电车的运营成本，经济效益低于公共汽车，在以盈亏为先导的公交市场化改革背景中难以挽救无轨电车的颓势。当年北京使用双源电车保住了电车系统，而西安、哈尔滨、南昌即便使用了一部分双源电车也难挡被淘汰的命运，洛阳、青岛则以保全电车线网、暂不使用双源电车的方式度过了危机。

进入21世纪，环境污染日益严重，全社会逐渐形成共识，只有加大投入，重点发展新能源技术，才能降低排放水平，真正实现绿色出行。2003年，湘潭电机厂使用金龙XMQ6120G低地板车体开发出带集电杆的"双能源电动客车"。2006年，科技部启动"十一五"863计划节能与新能源汽车重大项目，在城市公交相关领域，安凯、京华、福田、东风、万向、中通等厂家联合北理工、清华大学、上海交大以及南车时代、南车株洲所、湘潭电机厂等科研单位，开发了一批混合动力客车、氢燃料电池客车和纯电动客车。这些车型应用IGBT调速和永磁同步电机等新型电气技术，探索了铅酸电池、镍氢电池、超级电容以及多种锂电池的储能技术前景。国产纯电动客车作为新能源科技成果，成功参与了2008年北京奥运会和2010年上海世博会服务保障工作。为北京奥运和上海世博会开发的第一代低地板纯电动客车，由北京和上海的无轨电车制造厂承担研发生产任务，它们还都预留了加装集电杆的技术条件。2013年，上海巴士集团将S2I-041号纯电动车改装为无轨电车，在23路测试运行，同年北京公交也把奥运纯电动车改装为无轨电车教练车，使用至2017年。

2008年以后地方财政补贴全面回流公共交通行业，人民群众享受着国民经济增长带来的低票价福利，中国无轨电车的消亡趋势也随公交市场化改革大潮一同退去。保留下来的电车系统既有当地政府对环保事业的巨额投入，又是本地电车公司在各方面积极努力的成果。第一代双源电车的运营经验让大家意识到，无轨电车要继续生存仍需寻求更高水平的辅源和车辆技术平台。原本为了在城市改建过程中保全整个电车系统而开发的双源无轨电车，出于对技术的不断追求而走上了一条“不归之路”。

在新能源汽车推广初期，充电设施短缺，纯电动客车难以满足公交运营需求，可以利用线网充电的双源无轨电车因此迎来发展机遇。2010年，广州电车公司率先引进以锂电池作为辅源的宇通ZK6120EGQAA型无轨电车，配装42kWh锂电池。北京公交在2012年购置了青年和福田双源电车，分别配装38.4kWh磷酸铁锂电池和38.5kWh锰酸锂电池。这些锂电池无轨电车处于技术摸索阶段，设计经验不足，只按续驶里程配置电池电量，使电池经常处于高倍率充放电工况，严重降低了电池寿命。经过总结经验，结合新能源汽车技术，青年汽车开发出了按实际运行的平均功率匹配电量的双源无轨电车，配装82kWh锂电池。新型双源无轨电车的问世恰逢国家新能源汽车补贴政策出台，2012年6月，国务院印发《节能与新能源汽车产业发展规划(2012—2020年)》。为贯彻落实这一规划，财政部、工信部和科技部出台了《新能源汽车产业技术创新工程财政奖励资金管理暂行办法》，《办法》第二章“支持对象与条件”中规定：“奖励资金支持对象包括新能源汽车整车项目（包括纯电动、插电式混合动力、燃料电池汽车）和动力电池项目两大类。”尽管无轨电车不在补贴范围之内，但此时锂电池无轨电车续驶里程已经达到新能源汽车补贴标准，于是从2012年开始，为了在既有电车城市推广新能源汽车，青年、扬子江、福田等厂家陆续推出了带有集电杆，又配备标准外接充电口的无轨电车，以纯电动城市客车的身份登上工信部新能源汽车推广目录。这些车型脱线行驶距离普遍在20~60公里，最多超过100公里。这种背负一套“大辫子”的纯电动客车，可以利用电车线网边行驶边充电，行驶动力完全来自电池，因而被专家定义为“在线充电式纯电动客车”。广通、海格、北方等客车厂也研发了相关车型，甚至出现了以集电杆作为充电器，只在场站内升杆充电的纯电动车型。

从2012年至今，国家大力推动新能源汽车产业发展，新能源汽车补贴政策不断完善，新能源汽车技术突飞猛进。2015年开始实施的新能源客车运营补贴政策规定，每辆纯电动公交车每年行驶里程达到3万公里即可获得8万元补贴，再加上各地对公交运营的福利政策，使公共交通行业全面进入“躺平吃补贴”时代。2016年9月，工信部正式下发通知，带集电杆的电动车仍被定义为无轨电车，不属于工信部机动车产品准入的管理范围，不再受理这类车型的新能源汽车目录请求。2016年底发布的新一轮新能源汽车补贴政策，开始设置动力电池能量密度门槛，并适时调整新能源客车续驶里程测试方法。通过不断提高产品技术要求，加之充电设施的快速普及，纯电动客车已基本满足公交运营需求。2017年以后购置的“在线充”电车不再享受新能源汽车补贴，其采购、运营全靠地方财政支持。

当今的无轨电车就像羽化的昆虫，终于实现了自由飞翔的梦想，同时也看到了命运的终点。目前国内大部分无轨电车都是被戏称为“假无轨”的“在线充”电车，“在线充”技术在北京BRT3、济南BRT1、上海71路这类车次多、线路长、充电条件有限的线路上仍有一定的应用前景，而像北京103路、广州106路、武汉电2路这类长距离甚至全程脱线的使用方式，反而鼓励了架空线网的拆除。因续驶里程与纯电动车相当，所以很多城市也把“在线充”电车用作普通线路加车，例如济南K279路、广州285路、郑州B1路等。如果未来充电设施进一步完善，无轨电车的发展空间可能更为狭窄。

2023 年 4 月 30 日，哈萨克斯坦阿拉木图，中国制造的青年 JNP6120GDZ 型电车

福田 BJD-WG120FM 试验样车驶出动物园公交枢纽，此车配装西门子电机、VOSSLOH KIEPE 集电杆

下左：福田 BJD-WG120FL 的大洋永磁同步电机

下右：福田 BJD-WG180FA 铰接电车的电控装置

上左：1959 年，北京三里河路，2001 号 BK560 京一型铰接样车

上右：济南 1 路电车由泉城路驶向共青团路，济南生产的 14 米级铰接电车，具体型号未知

左：上海 SK562GP 铰接电车

1998 年 6 月，武汉公用客车厂正在试制扬子江 WG-CD110P 型 11 米无轨电车

中国电车的型号

1949 年之前建立的电车系统直接套用外国运营技术规范，以车辆编号号段直接作为型号。例如 201~210 号电车即为 200 型，1001~1035 号电车即为 1000 型。新中国成立之后，有轨电车系统沿用这一规则，直到 21 世纪大连和长春的新型电车出现，才停止使用以号代型的命名方式。50 年代国内自主装配的客车和无轨电车大多采用年份命名，例如 58 型、59 型等。各地无轨电车运营单位也逐渐形成了自己的车辆编号管理体系，例如北京电车公司单机电车使用 1000 号段，铰接使用 2000 号段，斯柯达 8Tr 为 8600 号段。武汉的年份自编号和上海按车型编号的方式一直沿用至今。

1959 年国家出台国产汽车命名规则，无轨电车根据“汽 130-59”标准采用企业代号 + 车型代号(5 特种车)+ 参数代号 + 改进代号的规则，例如 BK560、BK541 等。不过这一规则未被严格执行，天津、哈尔滨等地仍按自己的方式命名，有些无轨车型使用 6 开头客车型号，也有厂家在型号中加“D”代表电车，例如 SKD663、CQD660 等，直到 70 年代末才统一为 5 开头的 3 位数字型号，例如天津 TJ561、沈阳 SY561、北京 BD562 等。1984 年城建部发布《CJ10-84 城市无轨电车型谱》，采用企业代号 -D(电车)+ 参数代号 + 改进代号的命名规则。例如 SY-D71C(SY561 改进款)、BJD-D70C(BD562)、SY-D80C 等。1988 年我国颁布了新的《汽车产品型号编制规则 (GB9417-88)》和《汽车产品型号中企业名称代号管理办法》，国产汽车升级为 4 位基本数字型号，企业代号进一步规范，北京电车制配厂代号由 “BD” 变为 “BJD”。在国产汽车型号完成规范之后，无轨电车型号进入了更杂乱的时期。建设部在 1994 年以 CJ/T5005-93 推荐性标准替代了 CJ10-84。新标准规定无轨电车型号为：企业代号 -WG(无轨)+ 车身长度参数 + 改进代号，例如 BJD-WG120A、CJ-WG110K 等。这次最尴尬的是武汉公用客车厂，它的企业代号原本就是“WG”，所以扬子江电车也就未执行该标准。由于城市公交归属城建部门管理，无轨电车在生产、建档、上牌照等方面有特殊的管理方式，所以各地厂家型号命名同时沿用各阶段标准，始终未能统一。这期间还普遍存在“一车多型”和“一型多车”的现象，BJD542、SK5105GP、CKZ-D65、WG-D61U 等型号都出现过 3 种以上不同车身的车型。

当今国产无轨电车大多使用 5 开头的 4 位数字型号，一些车型为了迎合国家新能源汽车补贴政策，需要上工信部纯电动城市客车公告，所以使用 6 开头的客车型号，例如青年 JNP6120BEV1、扬子江 WG6124BEVH、福田 BJ6123EVCAT 等。这种方式进一步模糊了城市客车与无轨电车的界限，甚至对公安部机动车驾驶证准驾车型规则提出了新的挑战。本书中出现的无轨电车型号尽量以铭牌标称为准，扬子江电车型号以扬子江客车前总工程师王康校定的为准。

上海 SKD663 型铰接电车

天津滨海新区和上海浦东张江导轨电车

天津开发区于 2005 年引进法国劳尔导轨电车项目，2007 年 5 月 10 日开始载客运行。线路由泰达轻轨站至学院区北站，长 7.86 公里。2007 年 12 月，上海浦东张江高科技产业园也开始兴建劳尔导轨电车，2009 年底开通，全长 9 公里。

法国劳尔导轨电车是一种结合有轨电车供电方式（750V 直流，集电弓受电）与低地板列车技术，使用橡胶轮胎，配合地面钢轨导向行驶的新概念电车。它的地面菱形钢轨起导向作用，并用作负极回流，安装在车底的 V 形导向轮随钢轨轨迹变换带动轮对转向。其动力单元 ME 位于列车两端，由 1 台 200kW 电动机直接驱动车桥走行。动力单元的轮边减速驱动桥来自美国 AXLETECH，轴荷 7.2 吨。中间随动桥与环状梁构成铰接单元 MI，轴荷 6.9 吨，随动桥前后各有一套导向轮。每个单元使用两个重型卡车常用的宽轮胎，规格为 385/65R22.5。

2006 年，法国克莱蒙费朗开通第一条劳尔导轨电车线路，此后法国、意大利、中国、哥伦比亚相继开通 7 条劳尔导轨电车，使用 3 至 6 组模块编组列车。劳尔导轨电车具有低噪声、模块化、爬坡能力强等优点，但其技术路线比较特殊，系统兼容性差，建造成本又高于无轨电车。天津和上海的劳尔导轨电车均为 3 模块编组的 Translohr STE 3 车型，列车长 25 米，宽度仅 2.2 米，额定载客 127 人。2012 年劳尔电车项目被阿尔斯通收购之后，国内这两条线路的车辆维护更加困难，以致运营状态飘忽不定，车次日益减少。2023 年，天津滨海电车每天往返 4.5 车次，免费乘坐，张江导轨电车每天全程运营 4 车次。2023 年 6 月 1 日，上海浦东张江导轨电车停驶，轨道、车站等设施立即拆除，天津滨海电车在同一天宣告“暂时停运”。2023 年底，重庆铜梁又建成一条导轨电车。

2010年以后新建的有轨电车

以南京河西、苏州高新区、沈阳浑南三个新区有轨电车为标志，中国从2010年开始掀起一波现代有轨电车建设高潮。传统无轨电车通常建立在市区客流密集地区，而这些全新的有轨电车项目大多建在大城市的新发展片区，例如青岛城阳、广州黄埔、武汉光谷、成都高新区、深圳龙华、上海松江、北京亦庄、南京麒麟科创园等，也有服务于旅游区的北京西郊线、武夷山、三亚有轨电车。淮安、嘉兴、黄石、天水等地的有轨电车都是贯通市区的轨道交通项目，佛山把南海有轨电车1号线用作地铁网络的补缺联络线，昆明长水机场则使用7模块低地板有轨电车作为航站楼间客运系统。近些年由于有轨电车建设审批权下放到省级，而且可以采用灵活的融资方式，新电车项目也在向经济欠发达地区倾斜，青海海西州得令哈、云南文山州普者黑、云南红河州蒙自市等地也建成了现代有轨电车。截至2023年，中国内地已建成30多个现代有轨电车系统，但是有几个系统建成后未能开通，某些线路的运营状况也不理想，更有珠海有轨电车运营三年就停运的极端案例，这很值得规划和决策部门反思，另外群众对有轨电车的认知程度也有待提高。

国内的现代有轨电车系统集合国产化的阿尔斯通 Citadis、庞巴迪 Flexity 2、西门子 Avenio、斯柯达 Forcity、安萨尔多 Sirio 等全球主流低地板车型，南京河西、武汉光谷、淮安、嘉兴、黄石等电车线路还采用了停站快充方式，运营区段无须架设线网。广东佛山高明区的有轨系统则采用氢燃料电池动力，或许很难将其定义为有轨“电车”。

上述电车系统和影视城、工业园区、景区、校区有轨电车，以及 APM、跨座式单轨、悬挂式空轨等新型交通项目均不是本书的主要内容。

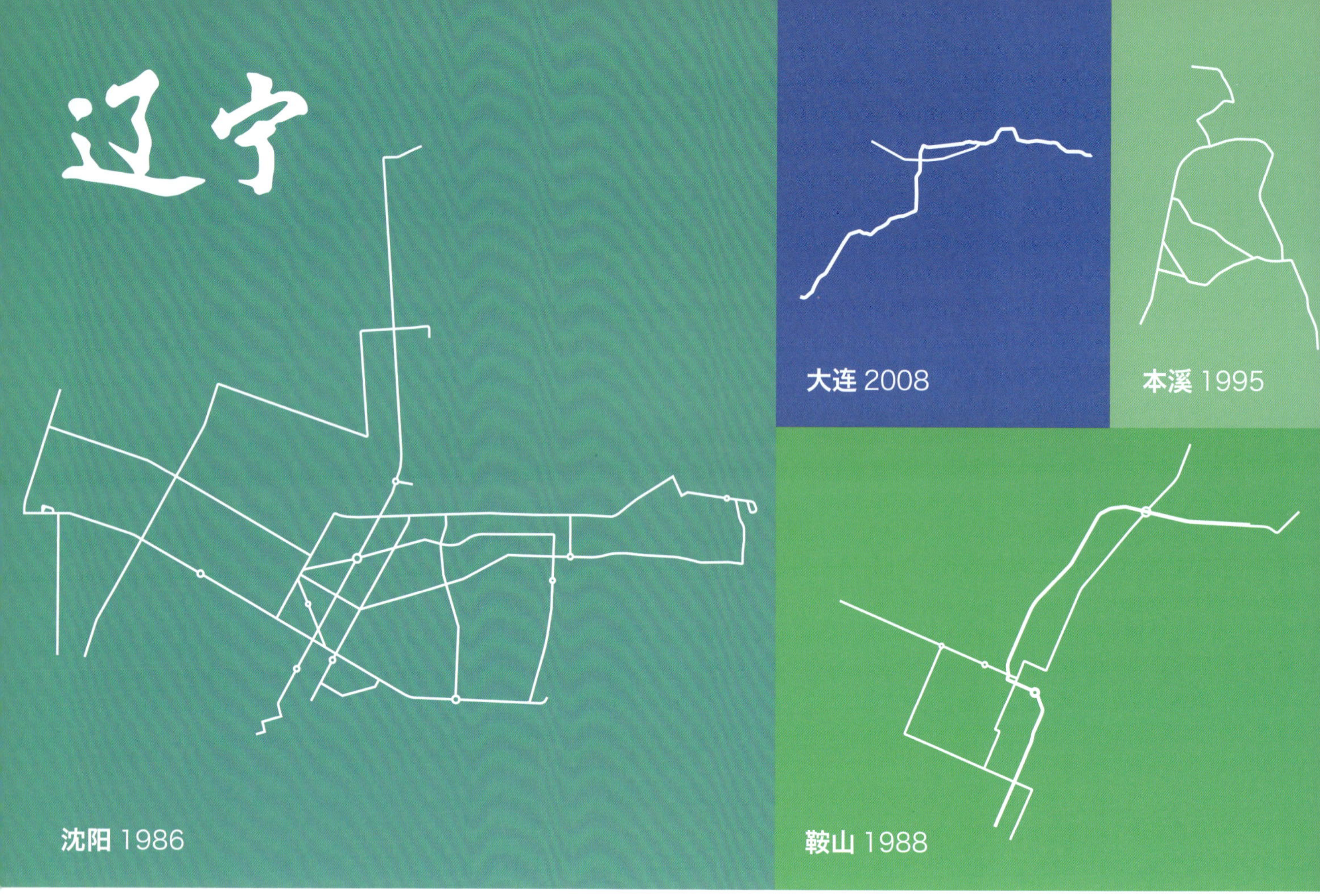

辽宁省曾经有沈阳、大连、鞍山、本溪4座城市运行无轨电车或兼有有轨电车，抚顺还曾有独一无二且历史悠久的矿区电铁客运系统，而如今辽宁省内只有大连市和沈阳浑南有电车运行。

1960年7月1日，本溪市开通东芬（东坟）至南地的首段无轨电车，1962年发展到3条线路，承担着本溪一半以上的城市客运量。1995年5月，本溪电车公司与汽车公司合并，当时本溪有101~104共4条电车线路，线网总长28公里，运营105辆无轨电车，以沈阳、上海车型为主。从1998年3月开始，本溪逐步拆除电车线网，新开16、17、18和19路汽车分别替代了101、103、102和104路电车。

沈阳在1951年开通2条无轨电车。1956年5月1日，有轨电车1路、5路合并为3路，原3路有轨5月3日开始拆除，改建为3路无轨电车，同年国庆节全线通车（市人委广场—南十二马路）。1959年，有轨电车5路改为4路无轨。1964年8月1日，市府大路改造完工，电车轨道拆除，开通无轨电车7路（沈阳站—大北门）。1974年7月31日，10路无轨全线通车，替代了2路有轨，沈阳有轨电车完成历史使命。2路有轨电车曾是沈阳客流最大的线路，接替它的10路无轨（十四马路—大东门）在80年代配备83辆铰接电车，其巨大的客流走向被今天的地铁1号线和237路继承。

在改革开放初期，辽宁是中国第一工业大省，工业城市多，城市化水平较高。辽宁也是当时电车城市最多、电车运营里程最长的省份。国家城建总局1979年统计数据显示，沈阳、本溪、鞍山、大连的无轨电车在本市公交车辆总数中所占比例，分别排名全国第一(41%)、第二(39%)、第四(35%)和第五(33%)。1985年，沈阳无轨电车发展到14条线路，运营电车500辆，线路总长148.1公里。

20世纪的最后几年，在社会主义市场经济改革大潮之中，老工业基地经历了最艰难的时期，国有大工业的痛苦转型也影响着城市建设的发展。沈阳电车在1992年发展到顶峰，运营17条线路，无轨电车552辆。然而正是因为规模庞大，维护费用高，且运行效率低，迫使沈阳电车成为计划经济向市场经济转型的改革目标。根据测算，当时每辆电车千公里运营成本比汽车高1000元，如果维持现有系统运行，再更新400多辆电车，需要资金3亿元。

1986 年，11 路（客车厂—文化路）的沈阳 SY561 电车

沈阳铁西中国工业博物馆收藏的 SY-WG110A，沈阳客车厂 1999 年为阿根廷科尔多瓦制造

沈阳市客车制造厂 1986 年试制的 SY-D90C 型铰接式无轨电车，画面远处是刚竣工的文化路立交桥

1996 至 1998 年，沈阳 5、9、11、8、13、14 路电车先后撤销或改用汽车。1998 年，沈阳市准备投入 1.7 亿元，用于购置新型公共汽车全面替代无轨电车。正当电车逐步退出之际，沈阳发生一起震惊全国的安全事故。1998 年 8 月 21 日，一辆环路电车集电杆脱线弹起触碰高压电线，致使 5 名乘客逃离时触电身亡，10 人烧伤。这起事故加快了沈阳淘汰电车的速度，也给全国电车发展蒙上了沉重的阴霾，1999 年 6 月 30 日，仅用一年多时间，沈阳电车系统迅速消亡。

沈阳无轨电车发展了四十九年，而有轨电车的历史起源则更为久远。近代奉天（沈阳）是关外第一大工商业城市，清光绪三十二年（1906 年），奉天的日本财团准备修建一条马车铁路，连接“南满铁路”附属地与沈阳老城。清朝官员赵清玺当即提出反对，并募集股份自办马车铁路。在日本领事馆的干预下，1907 年 2 月，双方决议成立“中日商办沈阳马车铁道股份公司”合办沈阳马车铁路，经营期限十五年。1908 年 1 月 4 日，由“南满铁路”奉天站前到小西边门（原京奉铁路沈阳站南，今市府广场）的马车铁路开始运营。1910 年 10 月延长到新奉天站（今沈阳站），东至小西城门，全程 5.23 公里，年客运量超过 100 万人次。

1922 年 11 月，马车铁路经营期满，奉天省公署准备拆除马车铁道自建有轨电车。日本人得知这一消息后，提出与中方合办，时任奉天市市长曾有翼据理力争，坚持自办电车。1924 年 1 月 30 日，奉天主要报纸刊登了即将修建有轨电车的消息。1925 年 10 月 10 日，有轨电车东段，大西城门经太清宫至小西边门通车，11 月 3 日开通小西边门以西至西塔路段，11 月 8 日在电车厂举行正式通车典礼。沈阳有轨电车一期长 4.2 公里，单线运行，中途设 7 处会车待避侧线，从德国 AEG 公司引进 8 辆两轴 4 轮电车和发电、变电设备。

1994 年 2 月，12 路（劳动公园—马路湾）由中山路左转至胜利大街沈阳站前

日本殖民者于 1924 年底将“南满铁路”附属地的 1.8 公里马车铁路改建为有轨电车。1925 年 11 月，经过不断地纠缠和胁迫，奉天市与日本大仓组签订协议，成立“中日电车联络运输事务所”，共同经营小西边门至奉天站的电车线路。1931 年九一八事变，日本占领东北全境，沈阳电车全部陷于侵略者之手。至 1945 年，日伪治下的沈阳电车发展到 6 个系统，即 6 条线路，西至铁西兴顺街，东到“满飞”工厂，总长 25.1 公里。运营有轨电车 93 辆，其中两轴 4 轮小型电车 37 辆，双转向架 8 轮电车 34 辆、拖车 22 辆。

1948 年 11 月 2 日，沈阳解放，11 月 4 日，解放军军管会通知电车公司尽快组织修复因战争毁坏的线路，12 月 12 日，6 条有轨电车全部恢复运行。1949 年 7 月 1 日，有轨电车 2 路（沈阳站—大西门）延伸至太清宫。5 路（南一马路—崇德街）于 1950 年 6 月和 1951 年 7 月两次向东延伸到南湖公园和工人医院。1951 年 6 月，6 路西延两站至卫工街。1953 年 4 月 1 日，拆除在大东门以东运行的单线有轨电车 4 路，11 月 24 日又在铁西开辟了单线运行的 7 路（肇工街—工人村）。1955 年，1 路、2 路与 6 路合并，直通铁西，1 路调整为大东门至肇工街，2 路由太清宫经沈阳站到肇工街。

20 世纪 50 年代，沈阳铁西是中国技术力量最雄厚的重工业区，曾经创造过几百个中国工业产品的“第一”，几十万产业工人在这里享受着社会主义制度赋予的崇高地位。沈阳市在 1956 年初决定拆除有轨电车，但由于铁西工业区与沈阳老城之间客流极大，所以 1 路、2 路两条有轨电车仍在铁西继续扩建。9 月 1 日，肇工街至工人村双线建成，1 路、2 路延长到工人村，替代了 7 路。1957 年，1 路、2 路增加车辆试行环行联运，1958 年这两条线又延长到十四马路，直至 1964 年开始改建为 7 路、10 路无轨电车。

太平村电车站，大连 7000 型有轨电车

大连 7000 型电车内景

1999 年 10 月 23 日，鞍山 501 路大连 1000 型有轨电车驶出站前广场

鞍山是中国在 20 世纪社会主义建设时期唯一新建有轨电车的城市，其建立有轨电车的目的非常明确，就是为了解决鞍钢职工的通勤问题。鞍山有轨电车由鞍钢自筹资金，于 1955 年 8 月开工建设，1956 年 1 月 15 日建成通车，初期线路从市府广场到太平村，长 7.5 公里，单线运行。

1957 年末，有轨电车线路由胜利路逐步导改至鞍钢东部边缘的建国路，经鞍山站前、中华路延伸至南端终点长甸铺，单程 12.85 公里，设 19 个车站，双线运行，1985 年增至 21 个车站。自 1958 年起，有轨电车途经鞍钢厂区的四个大门，南北向贯通立山、铁东两区。这条线路完全按照鞍钢职工的倒班时刻安排调度，早上 4 点 45 分从和平桥电车场南北双向发出首车，次日凌晨 1 点 20 分由太平村、长甸铺终点发出末班车，每天运营超过 20 个小时。

鞍山市第一条无轨电车 2 路由冶金部投资建设，1974 年 12 月 28 日开始运营，由解放路到沙河，长 10.5 公里，配 40 辆鞍山农机厂装配的 AS741 铰接电车和 15 辆北京二手斯柯达 8Tr 电车（1980 年报废），这条线路 1979 年 6 月延长到后峪。

1977 年 12 月 10 日鞍山开通第二条无轨电车 3 路，从立山广场向南到兴盛广场，1980 年 4 月延伸为陈家台到铁西二台子，在立山广场以东路段与有轨电车并行。环路无轨电车利用 2 路和 3 路的线网于 1983 年 10 月 1 日开通，最初由后峪到铁西二台子。1985 年 10 月 1 日调整为以铁西红砖厂为起点的环线电车，走解放路到铁东，经鞍山站、人民路、铁西广场、兴盛路回到红砖厂。至 1985 年末，鞍山运营 119 辆铰接式无轨电车，其中 33 辆 3 门版沈阳 SY661，30 辆 SY561。

鞍山有轨电车始终只有 1 条线路，90 年代才被编制为 501 路，同时原 2 路、3 路、环路无轨电车更名为 602、603、604 路。鞍山无轨电车的命运与沈阳和本溪电车相似，1998 年 602 路“电改汽”，2000 年 7 月无轨电车全部停用。2000 年 5 月，为配合建国路交通走廊改造工程，有轨电车北段迁移至建国路西侧，并新建专用道、专用桥共 3377 米，大有发展成大连 202 路、长春轻轨的趋势。然而就在一年之后，2001 年 6 月 6 日，501 路鞍山站以南线路停运，2003 年 4 月 26 日傍晚，钢城电车结束了自己的历史。

行驶在文化街的 603 路沈阳 SY-D71C

603 路沈凤 SY-WG100 正在向铁东二道街左转

603 路驶下虹桥通过建国路路口，来自本溪的二手 BD562

鞍山市博物馆保存的 1000 型有轨电车

雄蚕蛾养生酒
滋补养生 提高生命质量
电话：4602072
202
8015

优质服务迎全运 文明公交在大连
7-3622

1. 1999 年 10 月 2 日，兴工街电车站，正在折返的大连 8000 型电车

2. 2008 年 2 月 9 日，兴工街电车站，“大连人” DL6WA 型 70% 低地板有轨电车

3. 2013 年 1 月 26 日，兴工街始发的 202 路电车

大连有轨电车 1909 年通车，是我国内地运行时间最长的有轨电车系统。1904 年 2 月 8 日，日本突袭驻旅顺口的俄国舰队，日俄战争爆发，这场帝国主义争夺殖民地的战争以俄国失败告终。1905 年 9 月，在美国干预下，日俄签订《朴茨茅斯和约》，俄国把从中国攫取的旅顺、大连租界地和中东铁路南线及沿线的一切权利转让给日本，大连沦为日本殖民地。为了巩固殖民统治，日本侵略者 1906 年就开始筹建大连有轨电车，1909 年 9 月 25 日先期开通大栈桥到电气游园的 2.45 公里线路，由“南满铁道电气作业所”运营。

1939 年，大连已有 10 条有轨电车线路，覆盖市区所有主干道路，连接火车站、港口、殖民机关等重要单位。这 10 条线路是 1~9 路和 11 路中国劳工专线。大连电车从 1928 年起就规定中国人不能与外国人混乘，中国人只允许乘坐红色电车，绿色车身白色路牌的电车是外国人专车。

1945 年日本战败投降，8 月 18 日苏联军队“接管”大连，此时的有轨电车系统已遭到严重破坏，仅 3 条线路能够运行。1946 至 1949 年，大连有轨电车恢复至 11 条线路。又经过 50 年代的不断修复和调整，到 1965 年，大连运营 8 条有轨电车，线路总长 37.5 公里，电车 144 辆，担负着大连市区 80% 的客运量。60 年代大连市决定发展公共汽车，计划逐步拆除有轨电车。1964 年首先拆除 8 路劳动公园至三八广场段轨道。1977 年，6 路有轨电车改建为 2 路无轨（青泥洼桥—老虎滩），大连还剩 3 条有轨电车，总长 15 公里。

20 世纪 80 年代初，大连市确定保留有轨电车。1982 年开发出新一代 7000 型 14 米电车，1983 年 3 月试制成功中国第一款 21 米 3 转向架 6 轴铰接式有轨电车，命名为 DL621 型，共生产 15 列。1983 年元旦，2 路、5 路联运线改称 201 路（寺儿沟—沙河口火车站），4 路改称 202 路（兴工街—黑石礁）。

进入 21 世纪，大连有轨电车在发展的轨道上不断前行。2001 年，为 202 路轻轨化运行研发的 3 节车体 70% 低地板电车“大连人” DL6W 问世。2002 年 12 月 1 日，202 路延伸段通车。2007 年 201、203 路经改造合并为新 201 路，新线退出沙河口火车站，改由兴工街至海之韵公园，同时将 3000 型电车作为大连的城市历史景观保留下来。

2008 年 2 月 9 日，202 路电车行驶在黑石礁站以西的高架线路上，这里是 2002 年完工的新建路段

小平岛前终点站

北河口车辆段存放的原 201 路 7000 型和 203 路 3000 型电车，201 路在 1985 年拆分成 201 和 203 路

整修一新的 3000 型电车，大连有轨电车 2007 年改用 5 位自编号

2013 年 1 月 26 日，兴工街车站，电车司机在寒夜里调换道岔

大连现在运行的 3000 型有轨电车被誉为“行走的电车活化石”。80 多年来，它们经过不断整修、翻新，始终保持着原始的车身造型、木质内饰、钢板弹簧转向架，以及凸轮变阻操控方式。

大连 3000 型有轨电车最早起源于日本车辆 1935 至 1939 年制造的 501 型和 701 型有轨电车。1946 年，5 辆 701 型被改造为 4000 型，1950 年，20 辆 501 型改造为 3000 型，此后又有沈阳退役的同款电车转交大连，被编入 3000 型和 4000 型。1997 年，3000 型和 4000 型经改造统一编为 30 辆 3000 型有轨电车。这两款电车统型之后已经不能通过外观区分，不过原有的 6 辆 4000 型全部为首尾门位于车身两端的“小门车”，而原 3000 型有一部分是首尾门位于第一扇车窗后的“大门车”。

时至今日，这些有轨电车界的“忒修斯之船”仍然在百年历史的长江路上服务乘客。当你登上一辆 3000 型有轨电车，宛如进入一台时光机器，在轮与轨的撞击声中，穿越到这座“东方巴洛克”城市的每一个历史章节，感受着电车文化独有的魅力。大连 201 路也与旧金山 F 线、布拉格 23 路、香港电车等有轨电车历史文化线路遥相呼应，成为全世界最有特色的公共交通人文线路之一。

2013 年 1 月 27 日上午 10 点，在三八广场折返的 201 路区间车

1998 年 8 月 23 日，203 路 3007 行驶在鲁迅路

1999 年 10 月 2 日，101 路 DL-D72CQ 型 4 门无轨电车驶离市政府站

2013 年 1 月 27 日，大连站前左转的长江 CJ-WG150 与 201 路“大连人”DL6WA

旅大市交通公司电车工厂在 1949 年 9 月就改装生产了第一辆无轨电车，1951 年又生产出第一辆国产有轨电车 1001“成功号”。1959 年大连开始兴建无轨电车，1960 年 10 月 1 日，大连火车站至泉涌街段通车，使用 5 辆旅大交通公司制造的京一型单机电车（和平号）。1962 年无轨电车延伸至马栏村，全长 7.4 公里，1983 年改称 101 路。1974 年旅大交通公司电车厂参照沈阳 SY661 技术试制成功 DL661 型电车，同年生产 5 辆，1975 年生产 25 辆。1985 年，大连电车公司购置 5 辆沈阳 SY561 电车，同时拥有 6 辆上海 SKD663 和 104 辆 DL661，共 115 辆铰接电车。

大连电车工厂在 1991 年利用建设部一汽 171A 统型技术平台，开发出 DL-D72C 型铰接电车，生产 43 辆。1995 年，大连保有沈阳、大连铰接电车共 125 辆，同年生产的 46 辆 DL-D72CQ 型 15 米 4 门铰接电车服役至 2006 年，由 36 辆武汉扬子江 WG-D68USD 型 11 米双源电车和 24 辆长江 CJ-WG150 双源 4 门铰接电车替代。大连的 4 门通道车同杭州一样采用 1、4 门上车，2、3 门下车的乘降方式，在车尾第 4 门设一位监票员。2015 年，长江铰接和扬子江电车也临近服役年限，接替他们的是两款新型 12 米低入口空调电车，即 30 辆青年 JNP6120BEV1 和 35 辆宇通 ZK5125B。

大连 102 路 1998 年改为 2 路汽车，如今的 101 路是东北三省硕果仅存的一条无轨电车线路，它能在大连“孤独求败”20 多年，强大的客流支撑和大连有轨电车的稳固地位都是主要原因。大连有轨电车与 101 路无轨电车架空线网构成一个整体，101 路在西安路与 202 路有轨电车十字交叉一次，在长江路与 201 路单向跨线交叉两次，因此大连电车是当今中国唯一可以见到有轨与无轨电车线网交叉构件的电车系统。现在的 101 路即便使用青年、宇通锂电池双源电车，也尽量保持全程升杆挂线行驶。

大连公交在 2021 年购置 8 列 100% 低地板有轨电车，采用双转向架 3 节车体形式，由中车大连公司珠海工厂制造。新电车从 2021 年 9 月起陆续上线 202 路，但是这批电车实际运行中故障较多，最终在 2022 年 10 月全部下线停用，至 2024 年初也未能再次启用。

长江铰接电车通过西安路黄河路十字路口，大连电车线网使用椭圆形钢管作为弯道和交叉组件

大连的长江 CJ-WG150 双源铰接电车配装 90kW 电机，IGBT 电控

马栏广场调头的 CJ-WG150

马栏广场站准备发车的扬子江 WG-D68USD

2016 年 10 月 3 日，大连火车站始发的青年 JNP6120BEV1

宇通 ZK5125B

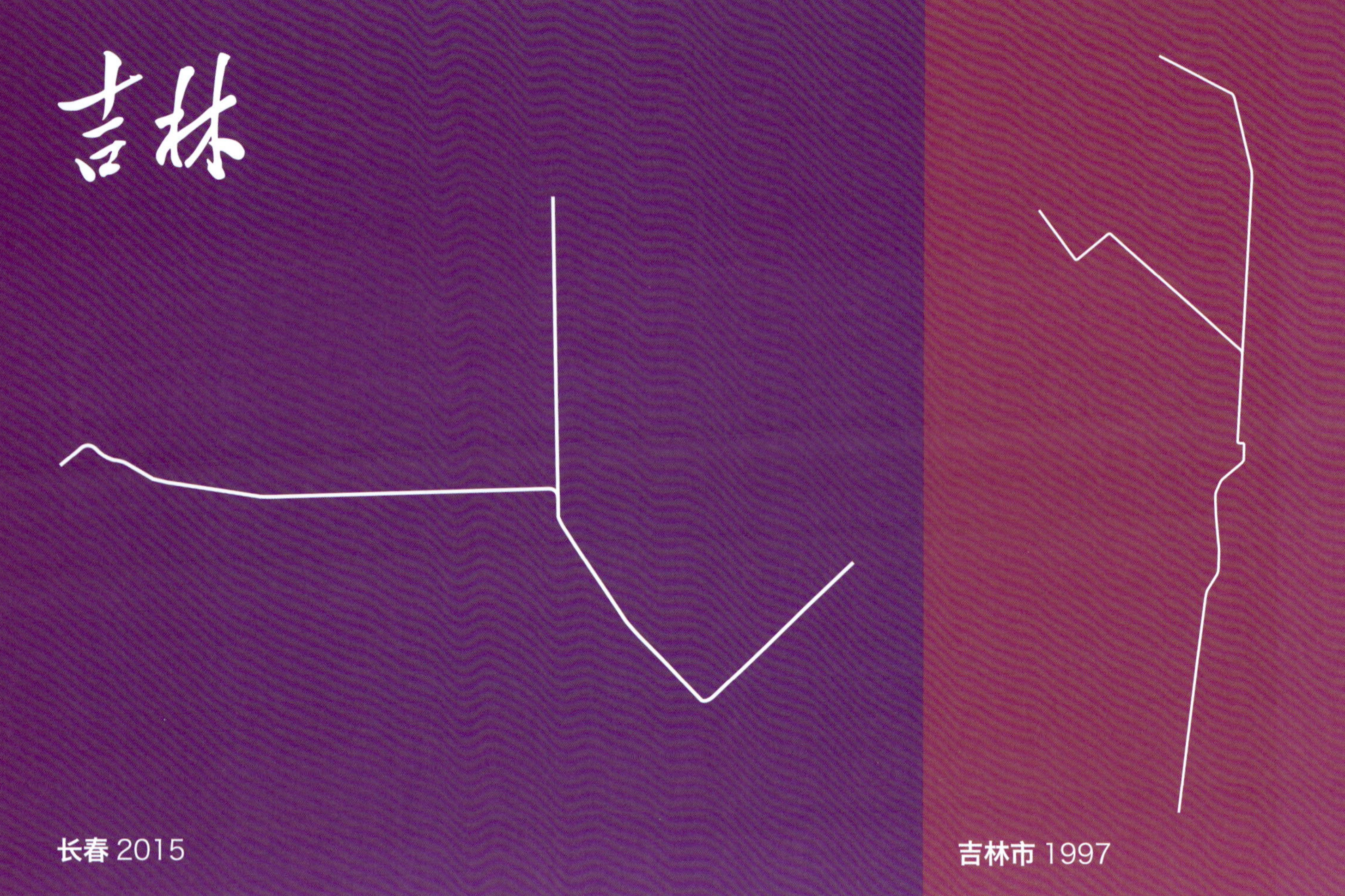

1932 年 3 月 9 日，日本侵略者在中国东北扶植建立伪满州国傀儡政权，把“首都”设在长春，并改名“新京”。据说“新京”曾在 1939 年计划从德国购入无轨电车，但未能实施。1941 年 4 月 1 日，“新京交通株式会社”开始在长春修建有轨电车，同年 11 月 1 日建成，开通 2 条线路。从 1942 年 4 月至 1943 年 6 月又陆续开通 4 条有轨电车，线路总长达到 47.9 公里。

长春有轨电车在 1958 年发展到顶峰，运营 7 条线路，总长 54.5 公里，有轨电车 88 辆。1960 年，长春市开启了漫长的有轨电车改建无轨电车历程，6 月 16 日，三马路至南关的 1 路无轨电车改建工程竣工，7 月 1 日通车。但是这条无轨电车线路建设比较仓促，施工不够规范，又在 1963 年第四季度进行改建，1964 年 1 月完工。1965 年 9 月 1 日由南关延长至东盛大街，1970 年 7 月东延至乐群街。1971 年 10 月，三马路到长春站的有轨电车改建为无轨电车，11 月完工，1 路无轨电车北端延伸到长春站。

1972 年 4 月，三马路到西安大路的有轨电车线路拆除，开行长春站至西安大路的 2 路无轨。1977 年 9 月又将西安大路经自由大路至红旗街段的有轨线路改为无轨电车，10 月 1 日，2 路无轨电车改造项目完成，由长春站到红旗街，全长 9.81 公里，配 28 辆长春 CC661 型铰接式无轨电车。

1983 年 5 月，长春市公用局统一规范长春市公共电、汽车路号，有轨电车改为 51~54 路和 56 路，无轨电车改为 61 路和 62 路。1985 年，长春新建 4 公里电车线网，于 9 月 29 日开辟 63 路无轨电车，这是一条从体育学院出发，经自由大路、西安大路、三马路、南关的 10.1 公里双向环形线路。

西安大路至建设街、建设街至和平大路两段轨道和线网在 1986 年 6 月拆除，51、56 路有轨电车撤销，7 月 28 日开通 64 路无轨电车（和平大路—人民广场），配 24 辆新购置的上海 SK561G 。至此长春市无轨电车线路总长达到 35.69 公里，站点 106 个。拥有京一型 BK560、上海 SKD663、SK561G、长春 CC661、沈阳 SY561 等车型共 168 辆。

2017 年制造的仿 200 型电车

“长春号”是长春电车的精神象征，它起源于 1958 年长春自制的第一辆有轨电车，这是 2017 年新造的第三代“长春号”

赵歆小朋友在工农大路（红旗街）终点站与大连 7000 型有轨电车合影

1989 年 7 月 1 日起，吉林大路南关以东的无轨电车线网拆除，61 路南段调整为自南关向南终到体育场。1995 年，63 路不再行经与 61、62 路重复路段，由环线缩短为体育场至新民广场的东西向线路。90 年代末，长春公交推进市场化改革，64 路和 62 路分别于 1997 年和 2000 年改为无人售票汽车线路。2000 年 7 月，长春市决定弃用无轨电车，随后 63 路撤销，61 路改为汽车运营。

53 路有轨电车（红旗街—长春站）于 1992 年 4 月 25 日被 25 路汽车替代。1996 年 5 月，东风大街上的轨道拆除，服务长春一汽四十二年的 52 路电车（红旗街—五站）撤销，长春只剩 54 路 1 条有轨电车。

早在 20 世纪 80 年代，长春市就启动了城市轻轨的筹划研究工作，计划建立一个符合长春实际需求的城市快速轨道交通系统。1994 年，长春轨道交通进入筹建、设计阶段，1999 年 9 月 23 日，长春轻轨正式立项。2000 年 5 月，长春轻轨建设与有轨电车改造工程相继开工，54 路电车暂时停运，12 月 18 日 54 路改造完工，有轨电车恢复运营。

2001 年 12 月 28 日，中国第一条城市轻轨——长春轨道交通 3 号线一期长春站至卫光街开通运营，首批车型为湘潭电机厂制造的 Q6W-2 型 70% 低地板电车。现在长春已经建成 3、4、8 号线 3 条轻轨线路，总长 68.2 公里，全部使用长春客车厂制造的 6 节模块化编组列车。从规划到运营，长春轻轨的成功经验为中国城市交通建设树立了榜样。

长春公交 2002 年为 54 路订购 10 辆湘潭电机厂生产的 800 型电车。800 型和 Q6W-2 轻轨列车均采用湘潭电机厂在 80 年代为 QK6-750 型轻轨列车开发的单电机全轮驱动转向架，由 1 台位于两轴之间的纵置直流电机同时驱动两端的主减速器，再通过 4 对弹性扭力盘将动力传递至 4 个车轮，每个轮轴配 1 套盘式制动器。悬架一系采用 V 型橡胶弹簧，二系为空气弹簧，中央大回转支承转向，行驶平稳灵活。

2014 年 5 月 25 日，新老交替的工农大路终点站，沈阳新阳光 SY-YG600-2 和大连二手 8000 型有轨电车

2006 年，54 路接收 18 辆大连 202 路的大连 8000 型电车。2012 至 2013 年，长春公交分两批购置沈阳新阳光 SY-YG600-2 型空调有轨电车共 46 辆，并于 2014 年 8 月 25 日开通工农大路至长春西高铁站的 55 路有轨电车，同年大连 8000 型和湘潭 800 型全部退役。2015 年，长春公交又订购 3 辆 15 米仿古有轨电车，2017 年上线运营。

今天的长春有轨电车，既是服务乘客的交通工具，又是展示长春城市文化的窗口。它让越来越多的人意识到，八十多年历史的有轨电车既是长春城市发展的见证，也是这座现代工业城市重要的文化遗产。

北国江城吉林市以雾凇闻名天下，松花江自丰满水电站而下，蜿蜒迂回向北穿越吉林市区，造就了三面环江、沿岸分布的独特城市形态。吉林市第一条无轨电车 4 路 1960 年 4 月筹建，8 月 18 日开通，按原 4 路汽车走向从吉林站向北过松江大桥终到化工医院（最初站名为江北国营饭店）。1961 年 9 月 30 日，由吉林站至铁合金厂（和平广场）的 2 路电车开通，1963 年 10 月 1 日又开辟由吉林站向南的 3 路电车。1966 年 12 月至 1967 年 8 月，曾经开行通江街到铁合金厂的 14 路电车。1972 年 11 月，3 路和 4 路贯通联运，1974 年 7 月 30 日又独立运行。3 路电车 1975 年南延至吉林二中，吉林市由此形成以吉林站为中心，3 路、4 路南北两向过松花江，2 路向西至碳素厂的电车线网格局，连接起火车站、哈达湾工业区、江北石化厂和江南郊区（今丰满区）。

吉林市无轨电车规模较小，线路总长 19.5 公里。60 年代使用上海 SKD663 和京一铰接电车，1975 年，本市生产的江城 JC660 铰接电车投入运营。1980 至 1984 年分批购入沈阳 SY561 和上海 SK561G 共 25 辆，1985 年无轨电车达到 53 辆。1999 年，吉林市开始拆除电车线网，2 路、3 路电车首先停驶，2001 年 3 月 16 日，4 路电车也结束了自己的使命，无轨电车走下江城历史舞台。

2008 年 11 月 29 日，工农大路终点站，湘潭电机厂 800 型电车

2003 年制造的沈阳新阳光 SY-YG14-2 型试制样车

经过改制的第二代“长春号”

800 型电车驾驶台

200 型老式电车

长春站西侧原 3 号线轻轨站于 2021 年 3 月拆除，此路段已改为地下线路

原辽宁路站

天定山旅游区保存的湘潭 Q6W-2 轻轨列车

长春客车厂 2006 年制造的 QKZ3 型 70% 低地板轻轨列车

QKZ7 型 6 节双模块编组列车驶入宽平桥站

优秀线路
54路

54路
交通集团

尊老敬老 共创和谐社会
54路

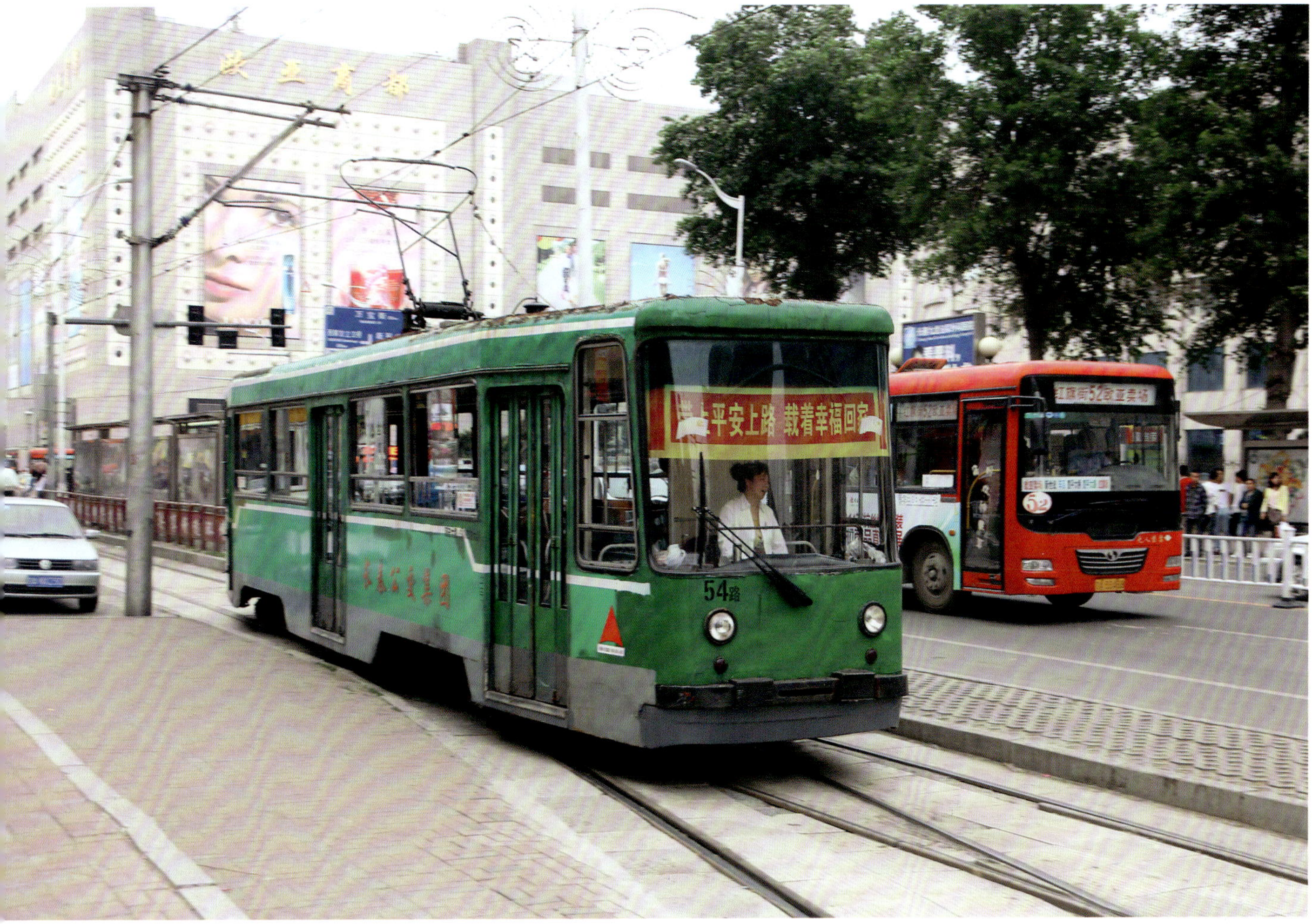
平安上路 载着幸福回
54路
52

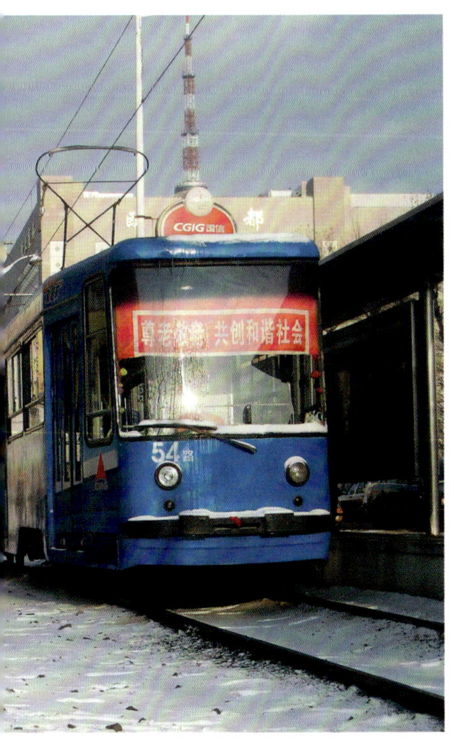

CGIG
共创和谐社会
54路

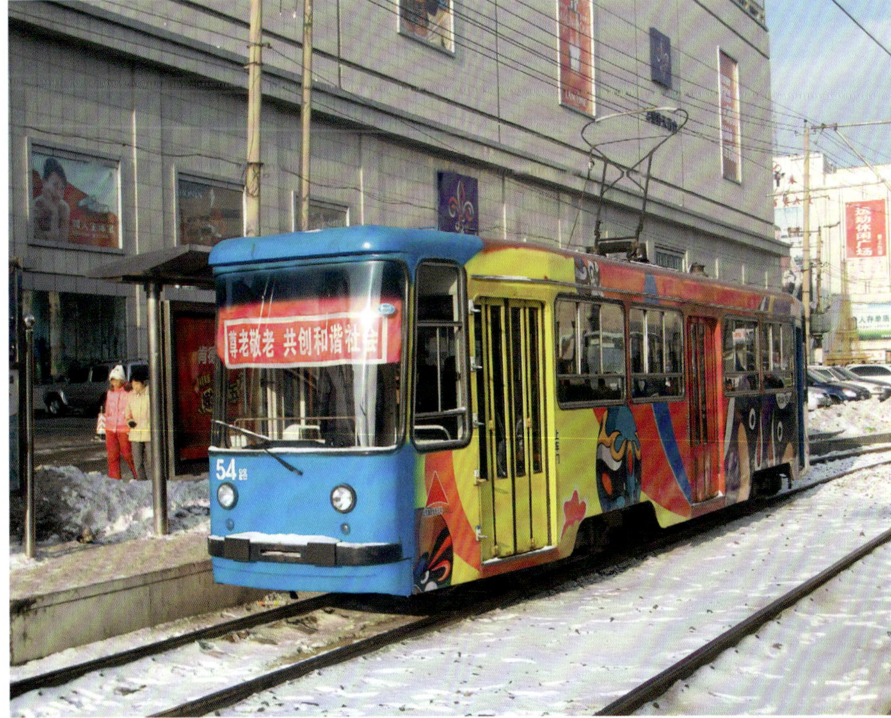

尊老敬老 共创和谐社会
54路

54

西安大路 54 工农大路
54路

JAGUAR
54路

春城大街东侧的林荫隧道已经成为长春网红打卡地

哈尔滨 2004

齐齐哈尔 1996

鹤岗 1961

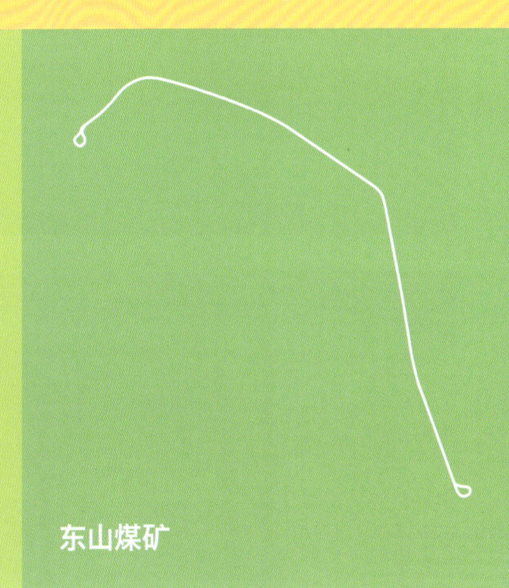

东山煤矿

1927年10月10日，哈尔滨开行2条有轨电车，成为内地第六个运行电车的城市。早在1921年，民族资本家徐鹏志就准备开办哈尔滨电业公司，但因筹款不利，于1922年将创办权转交吉林省政府，转由官股筹办。1925年12月，电业公司与德国西门子洋行签订合同，由西门子洋行承建哈尔滨电车、电灯工程，资金由永衡官银号垫付。

1927年开通的1路有轨电车由南岗文明街至道里警察街（友谊路），长6.6公里；2路由喇嘛台（博物馆）至铁路局，仅长1.12公里。哈尔滨首批14辆电车来自德国西门子，每辆电车长9.69米，宽2.25米。1929年通过孔士洋行(Kunst & Albers)从德国购入第二批电车6辆，开通哈尔滨火车站至道外景阳街的3路电车。1931年又从法国巴黎购置4辆10.8米电车。自1936年起，日本人控制的“哈尔滨市交通株式会社”陆续引进日本东京、川崎、芝浦电车共27辆。以上电车均为2轴车型，轨距1000毫米。

4路电车于1943年12月开通，由道里银行至安和街，全程2公里，单线运行，在中途的安升街站设有待避会车线。1958年7月，这条线路因修路撤销。

1953年，哈尔滨运营8条有轨电车，同年引进15辆大连1000型4轴双转向架电车，1958年增购大连电车10辆，拖车20辆。1958年12月31日，哈尔滨1路无轨电车省人委至汽轮机厂路段通车，同时1路有轨电车停运，2路与8路有轨电车连接合并。1路无轨电车1960年3月延长至道里友谊路，全长12.65公里。

2路、3路无轨电车分别于1959年5月、1960年3月开通。1965年5月开行9路有轨电车，由文明街至道外十六道街，全长9.5公里。1966年4月，开辟博物馆到太平桥的4路无轨电车，又将2路与3路两条有轨电车合并，由电表厂至景阳街，全长8.7公里。1966年11月至1970年4月，9、7、3路有轨电车相继停运并拆除轨道。

1987年6月27日，哈尔滨最后一条有轨电车6路停驶。1988年6月，无轨电车路号升级为101~108，次年9月开通文明街到北十六道街的109路。1991年7月1日，利用既有线网开行110路环线电车，以康安路为起点单向环行。1992年4月18日，又以省政府为起点开行111路单循环电车，1996年11月调整为汽轮机厂环行，1998年5月停运。

哈尔滨曾经使用过京一型 BK540、BK541、BK560，上海 SKD663、SKD644、SK561G，沈阳 SY661、SY561、SY-WG100，哈四型铰接等多种无轨电车。20 世纪 80 年代末，哈尔滨和齐齐哈尔从北京电车制配厂采购新电车的同时，还从北京电车公司一场购置了一批二手京一型铰接电车。

1996 年 1 月，道外北环路（今友谊东路）施工改造，龙江锅炉厂始发的 107 和 109 路更换汽车运营。当时哈尔滨仍有 200 多辆电车，其中北京 BD562 约占一半。1997 至 2001 年，哈尔滨公交试用黄海和龙江 C12 双源样车各 1 辆，接收大批沈阳二手电车（沈阳方面记载为 300 多辆，实际数量不详），为 101、103、110 路更新 3 批次龙江 C10 双源电车。但是在这几年，受大规模城市改建工程影响，哈尔滨电车也在快速萎缩，多条线路撤销、缩短或改为汽车线路。

2002 年 9 月 1 日，101 路撤销，恢复 111 路环行，在省政府至香坊区段脱线行驶 2.7 公里。11 月 7 日，电车公司整合 102、102 支（汽轮机厂—康安路）、103（市传染病医院—工程街）、108 等线路“电改汽”剩余的线网，新开 117 路电车，从市传染病医院至康安路，单程 14 公里。105 路工程街至烟厂区间于 2003 年被汽车替代，2005 年 111 路撤销，117 成为哈尔滨最后一条无轨电车。

2006 年 7 月 13 日，117 路因文昌桥施工临时停运，11 月 5 日恢复。这一时期 117 路名义上配车 30 辆，但车况大多比较破旧，辅源设备也被拆除。2008 年 4 月，红旗大街延福街路口施工，占用架空触线下方路面，于是便出现了汽车拖拽无轨电车临时通行的奇观。2008 年 6 月 27 日，117 也改为汽车线路，哈尔滨正式告别电车。有轨电车

1	2	5
3	4	

1、2. 2004 年 2 月 8 日，111 路汽轮机厂总站，龙江 C10 电车

3. 哈尔滨无轨电车前部装有隔断，形成独立驾驶室，可防止冬季风挡玻璃结霜

4. 117 路准备发车，顺便捎个大轮胎

5. 1961 年鹤岗市运行的无轨电车，哈尔滨制造的松花江电车

六十年，无轨电车五十年，哈尔滨电车为中国城市历史增添了精彩、厚重的一章。过去十几年曾不断传出哈尔滨恢复无轨电车的消息，无非都是被时间吹散的过眼烟云。

黑龙江鹤岗市曾经在 1961 年 5 月 1 日开通 1 条无轨电车，由矿务局出发经红军路、解放路至新街基中心站（今世纪广场），长约 3 公里，使用松花江电车。这条线路只运行了五个月，1961 年 10 月停用。

齐齐哈尔比哈尔滨晚两个月开通无轨电车，最初只有 2.7 公里，从火车站到龙江饭店。1960 年 1 路电车延长到解放门，同时又在富拉尔基建立了一套独立的电车系统，有 2 条线路，总长 8 公里，1961 年底通车。富拉尔基无轨电车仅运行不到一年，1963 年拆除。60 至 80 年代，围绕火车站、群英楼、中心广场等主要站点，齐齐哈尔市在卜奎大街、中华路、龙华路、文化大街等主干道路建立了电车线网。90 年代发展到 4 条线路，包含 103 和 104 两条环线，运行北京 BK560、BD562、BD542（与 542J 教练电车外观相同的中、后开门款型）、大连 DL661、沈阳 SY661、上海 SK561G、哈四型铰接等电车共 120 辆。

1995 年 6 月，龙华路开始改造，4 条电车线路因此改线，齐齐哈尔电车由此走向衰落。1996 年 8 月，101、102 路“电改汽”，同时新开 105 路（西虹桥—火车站），但 105 路电车仅存在一年多。1997 年 10 月，103 路换用汽车，又整合出 106 路电车（糖厂—火车站）。1999 年 6 月中华路改造，104 路改汽，106 路停运至 1998 年 11 月恢复。2002 年 3 月 14 日，106 路“电改汽”，齐齐哈尔电车载着王秀花和刘大明的梦想离开了我们。

2003 年 5 月 4 日，市传染病院公交站，刚从总站发出的 117 路由香电街右转上公滨路

2006 年 5 月 2 日，香电街路北的市传染病院终点站，此时 117 路票价仅 0.5 元

1	2
3	4
5	

2004 年 2 月，哈尔滨九三五厂存放的报废电车

1、2. 来自沈阳的二手电车

3、4. 黄海 9.9 米试验样车 8800

5. 龙江 C12 型 12 米斯太尔底盘样车 9900

正在装煤线上作业的上游 0804

电车队所在矿井曾更名“三合煤矿”，两辆电车因此得名“三合 1 号”“三合 2 号”

鸡西是黑龙江省“四大煤都”之首，有百余年煤炭开采历史。在鸡西市南部的恒山区有一座东山煤矿，这座煤矿 1954 年建成，1991 年开通无轨电车，线路长 2.2 公里，高差约 90 米。2006 年 5 月 3 日早上 6 点，我和田天从哈尔滨乘 K411 次列车抵达鸡西，在鸡西站前与广东车迷许萌汇合，一同打车前往东山煤矿。这是我的第一次煤矿电车之旅，也是东山矿第一次迎来公交爱好者到访。当出租车进入矿区行至铁路道口时，恰好遇到一台蒸汽机车牵引运煤大列从面前驶过，这震撼的一幕让我难以忘怀。

东山矿生活区集中在矿区以西的东山屯、立井街一带，或许是地形条件所限，电车线路的起点，即电车队大院，设在了装煤塔南侧的高坡上。电车队负责人史师傅带我们参观了电车场的简易车库，同时向我们介绍了东山矿电车的基本情况。东山煤矿曾经使用过 5 辆北京华宇 BD562 电车，全部配装 90kW 电机。现有的 2 辆 BJD542 于 2003 年购置，每天 24 小时运行，已经行驶 25 万多公里。出于对北京电车的认可，他们不久前又订购了 2 辆同款 542 电车，预计在 2006 年 5 月下旬开始生产。

7 点 38 分，一辆 BJD542 满载乘客回到电车队，乘电车下班的矿工在此换乘汽车继续下山，我们三人随换班的矿工乘电车前往坑口。电车启程，穿过几间农舍转向东南开始爬坡，此刻望向窗外我不禁惊叹，眼前风景与固有印象中无轨电车行驶的城市街道迥然不同，电车拖着长长的“大辫子”在黑土与青松之间缓行，扰动的电车线网好似在山谷中舞动的乐谱，演绎出一幅赏心悦目的图画。

成功运转东山矿无轨电车之后，我们又到山下装煤线添乘了一段蒸汽机车，那一天在矿区见到了 5 台上游型蒸汽机车。中午东山公司车队队长请我们品尝了当地名吃鸡西冷面。席间当我问起车队是否存有老电车照片时，队长思索片刻，随即把我们带进里面一间堆满杂物的库房，搬开几件旧家具，在靠墙的一面荣誉相框上出现了 3 张电车司机与 BD562 的合影，拍摄时间可能是 1993 年。

此后十年，常有火车、电车爱好者光顾东山煤矿，记录下了东山矿电车的四季美景。2010 年东山矿购入 2 辆申沃 SWB5105GP-3，4 辆 BJD542 停用，2014 年购置 1 辆扬子江 WG-D68US，直至 2017 年春天东山矿电车停运。

东山煤矿曾经有中国最特别的电车风景

东山煤矿坑口电车站

2009 年 10 月 7 日，“三合 1 号”半路遭遇“杀头”(集电头脱出)，“三合 2 号”出动前去救援

2017 年 2 月 14 日，东山煤矿只剩 1 辆 SWB5105GP-3 正常运行

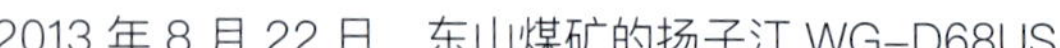

2013 年 8 月 22 日，东山煤矿的扬子江 WG-D68US

已经停用的 BJD542

河北省原本只有邯郸峰峰牛儿庄和邢台煤矿 2 条煤矿无轨电车，总长 4.2 公里，这两条线路在 2010、2011 年相继停驶。2015 年，保定市开始规划无轨电车线路，计划开行满城到保定东高铁站，和徐水大王店至清苑汽车站的 2 条线路。这个规划如果实现，将构成一个总长 70 余公里，“一横一纵”四向贯穿保定市区的庞大电车系统。

保定市电车建设项目于 2016 年 4 月批复，2018 年 5 月，南北走向的保定无轨电车一期工程（2 号线）正式动工，投资 5.36 亿元，由北京公交集团电车分公司负责包括架设线网、培训司机和运营管理在内的全面技术支持。保定无轨电车是北京公交走出北京市域的第一个城市公交建设运营项目，北京公交集团高度重视，把这个项目作为落实京津冀协同发展重大战略决策的重点工程。项目建成后还可实现北京公交电车分公司供电所远程控制。

2018 年 12 月 29 日，保定无轨电车正式通车，一期工程实际开通 2 条线路，以北二环路高科产业院为起点，沿朝阳大街向南穿越保定市区至清苑汽车站为 902 路，向北经长城汽车厂至大王店为 903 路（2019 年改为时代商厦始发），票价 2~3 元。这 2 条线路总长 41 公里，分 4 段架设 28 公里无轨电车线网。保定是时隔三十四年之后中国再次新建无轨电车的城市，这条线路建设标准高，一次建成距离较长。配车参照北京、上海的最新款锂电池“在线充”无轨电车，引进福田 BJD-WG180FB 型 18 米电车 18 辆，宇通 ZK5125C 电车 17 辆，这两款车的配置均为国内最高水平。

2020 年 5 月，受新冠疫情以及朝阳北大街客流稀少、无轨电车不享受新能源汽车运营补贴、清苑场站未能协调等多重因素影响，为了降低运营成本，保定无轨电车停运。

实际在保定筹建无轨电车的同时，国家已经开始大力推广新能源零排放公交客车，对于一座没有 BRT 和无轨电车运营基础的城市而言，无轨电车在环保、运量、基建成本等方面均无优势。尤其在 2018 年，新建无轨电车项目更不具备现代化公交示范意义，只落得东施效颦的尴尬。

停运后的 902、903 路改由纯电动客车运营，无轨电车在 2022 年重新启用，集中在哈弗物流停车场，每天高峰时段上线 501 路和 2 条长城汽车工厂通勤线路，运营间隙利用朝阳北大街的线网停车升杆充电，充满后脱线运行。

在长城汽车厂通勤线路上运行的保定无轨电车

通车当天披红挂喜的沈阳 SY641 电车

邢台煤矿于 1968 年 10 月 1 日竣工投产，矿址在邢台市区南部，距市中心 8 公里。邢台煤矿地形为太行山东麓山前冲洪积层掩盖平原区，矿区周边地势平坦。1981 年，邢台煤矿二届二次职工代表大会决议，建设一条无轨电车线路作为通勤班车，供职工和家属免费乘坐。工程总投资 70 万元，从沈阳购入 SY441 架线车和 2 辆 SY641 单机无轨电车，在工人村南端建 1 座维保车库。线路从工人村到矿厂门前的工业广场，长 2.7 公里，1982 年 4 月 15 日剪彩通车。

1986 年邢台煤矿增购 1 辆 SY641。大约从 2003 年开始，陆续有公交爱好者前往邢台煤矿探访通勤电车。当时这里有 4 辆北京 BD562，工人村车站还停放着 2 辆等待报废的沈阳 SY561。邢台煤矿的 4 辆 562 电车出厂年份分别为 1993 年 12 月、1996 年 10 月、2001 年 3 月和 2002 年 12 月。

2008 年端午假期，我和赵鹏一起考察了河北省南部的 2 条煤矿电车线路，6 月 7 日先到峰峰牛儿庄，当天北上夜宿邢台。第二天一早来到邢煤工人村，沈阳电车早已不见踪影，3 辆 BD562 和 1 辆 2005 年试制的华宇 BJD-WG110 样车停在车库西侧。透过车库侧窗，我们看到里面存放着 2002 年出厂的那辆 562 电车和 1 辆 SY442 架线车。根据往日车迷考察得出的规律，邢煤 4 辆 BD562 通常有 3 辆保持运行，1 辆在车库里轮休。

早 9 点 30 分，我们登上一辆 BD562 驶离工人村。彼时 562 电车已经阔别北京两年，再次搭乘不免又是一番感怀。电车中途经过一处铁路道口，通过铁道再前行 1.3 公里即到达邢煤工业广场。电车运行路段多为水泥路面，较为颠簸，电车为防脱线所以车速很慢，走完一圈回到工人村是 9 点 50 分。10 点左右，我们乘坐 3 路小亚星赶往邢台火车站。

邢煤无轨电车全程与邢台 3 路公共汽车重合，2011 年末，邢台钢铁南路南延工程通车，3 路汽车改走新路，邢台煤矿电车停运，换用汽车接送职工。至 2024 年，邢台煤矿通勤车仍在运行，由邢台公交的宇通 E8 提供服务。

2005 年 3 月 18 日，已经停用的沈阳 SY561

2007 年 10 月 5 日，邢台煤矿工业广场电车站，这辆电车是 2002 年制造的 BJD562

2001 年 3 月出厂的 562 电车

工人村车站是 3 路汽车和邢煤电车的起点站

学习遵守交通安全法 文明驾驶礼让三先
以人为本 生 至上 安全为天
意识决定成败 事 皆可预防

2009 年 8 月 15 日，驶向工人村的 BD562

2011 年 7 月 12 日，BJD-WG110 穿行邢煤铁路专用线

2008 年 6 月 7 日，牛儿庄矿门前待客的 BJD542 样车，已经拆除辅源装置

峰峰矿区是邯郸市辖区之一，这里自唐宋以来就是中国主要的煤铁产地。峰峰集团（原峰峰矿务局）牛儿庄煤矿位于峰峰矿区大社镇牛儿庄村东，地处鼓山东坡下的山前平原，与著名的响堂山石窟仅一山之隔。

2008 年 6 月 7 日一早，我和赵鹏从北京西站乘 T5685 次双层城际列车，中午到达邯郸，再转乘 5 路汽车一路奔向西南，进峰峰镇之前在西佐换乘峰峰矿区公交，沿 211 省道折向北 3 公里，在牛儿庄煤矿工人村下车。工人村位于牛儿庄村西头，无轨电车从工人村向东穿过牛儿庄，至牛儿庄煤矿（牛儿庄采矿公司）大门前调头返回。这条电车线路仅长 1.5 公里，双向线网构成一个闭环。当天乘坐无轨电车单程只用了 5 分钟，中间还因"掉辫子"耽搁了一会。车上往来大多是去矿上洗澡的妇女和小孩，他们也是煤矿无轨电车最常见的乘客。

牛儿庄矿只运行 1 辆无轨电车，是北京电车制配厂在 2001 年打造的华宇 BJD542 双源样车。这款车长 10.64 米，借用 BJD-WG120 的外观设计，底盘仍采用浦江车桥，中置电机。这种造型的 BJD542 总共生产 5 辆，另外 4 辆都在黑龙江鸡西东山煤矿，牛儿庄煤矿于 2002 年购入这辆样车并开行通勤无轨电车。

牛儿庄电车也没有专门的维护场地，就这一辆车、一条线构成了一个世所罕见的迷你电车系统。这辆"野生"无轨电车每天就在牛儿庄村两头孤独地徘徊，直到 2010 年 2 月的一天，它终于停下了脚步。

牛儿庄煤矿电车是当时中国 8 条煤矿无轨电车线路之中第一个停止运行的，这个中国最小的电车系统也算幸运，在它消失之前还是接待了几拨特别的关注者，没有被历史无声地埋没。

工人村电车站和回车线

无轨电车在狭窄的乡村道路上与麦收机队会车

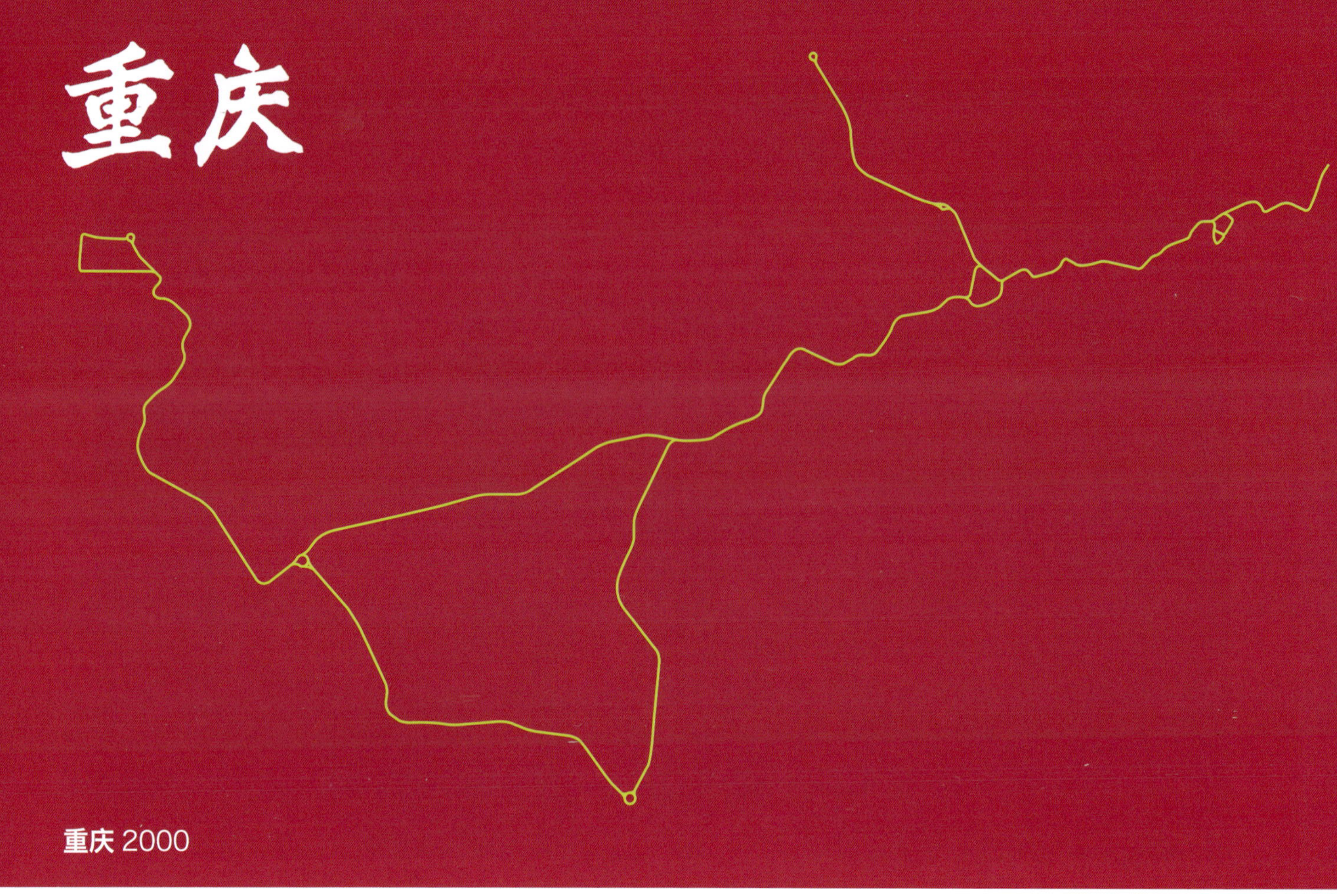

1937年7月7日，日本侵略者发动卢沟桥事变，抗日战争全面爆发。为了躲避战乱，保存民族工业，东部沿海地区有200多家工厂逆江而上，内迁到重庆。重庆这座千年历史的两江码头，在20世纪30年代末迅速发展成中国西南最大的工业城市和商业中心。1945年抗战胜利，何北衡、卢作孚等人向国民党重庆政府提出兴建无轨电车的倡议，并规划了3条线路。但经法国和比利时专家论证，认为重庆的道路条件无法修建电车，外加时局动荡，使电车规划未能实施。

新中国成立之后，重庆发展公共交通的需求更为迫切。1951年5月，重庆市人民政府根据西南军区司令员贺龙的指示决定兴建无轨电车。电车工程于1953年开工，1955年12月14日，上清寺到小什字5.2公里线路建成，1956年元旦正式通车。重庆首辆电车于1955年9月在上海制成，因此命名为“55型”。这是一款用美国大蒙天（Diamond T）卡车底盘改制的电车，车身长8.9米，造型参考苏联吉斯客车，采用气动车门，蓝白银三色涂装，共生产20辆。

1958年7月1日，由重庆市民集资修建，从两路口到杨家坪的第二条电车（3路）开通，配备30辆重庆本地装配的58型电车，采用解放底盘和上海电机。1962年2月4日，大坪至石桥铺线网建成，开辟两路口到石桥铺的“两石线”即2路电车。1963年12月27日电车线网延长到沙坪坝，2路调整为沙坪坝至解放碑，全长15.75公里，增购16辆京一BK541和10辆上海SKD644。1965年5月1日，石桥铺至杨家坪线网建成，开通以沙坪坝北边陈家湾为起点，终到杨家坪的4路电车。1975年2月21日，上清寺到观音桥的过嘉陵江延伸段线网建成，开辟观音桥到朝天门的5路电车。

1973年，重庆从上海引进首批铰接电车SKD663。1975年起，重庆公交修理厂生产21辆CQD660铰接电车，1979年开始生产CQ562铰接电车，又发展出CQ563可控硅电车。1994年，重庆电车公司使用重庆客车厂CQ664车体，配套上海电机装配10辆铰接电车。1997至2000年，又采购重客10米级客车车体，装配4款CKZ-D65系列单机电车。

1986年，重庆电车线路总长45.7公里，运营电车141辆。当时重庆5条电车线路仅占全市公交总规模不到10%，却承担着市区22.4%的客运量，是重庆公交的主要运力。1990年重庆电车路号调整为401~405。

2001 年 4 月 25 日，沙坪坝电车公司停车场，重庆 CQ563 型 14.75 米铰接电车

2003 年 6 月 14 日，401 路上清寺总站

山城重庆的地形条件原本非常适用无轨电车，但电车改线不便的特点反而成为城市建设快速发展的羁绊。重庆在 1997 年升为直辖市，当时就曾提出要淘汰无轨电车，2003 年 4 月，重庆市决定在 2004 年底之前全面拆除电车。2003 年 8 月 10 日，402、403 路改用天然气客车，2004 年 2 月，404 路“电改汽”。同时重庆公交也在进行电车资产处置工作，将 32 辆 2000 年制造的 CKZ-D65A 以 113 万的总价出售给太原公交和杜儿坪煤矿。2004 年 5 月 23 日，渝中半岛上的无轨电车全部停用，中国又少了一座电车城市。

重庆电车停运之际，我刚刚在 52bus 网上公交论坛注册，也才开始关注到中国电车的命运。在那个互联网初兴的年代，“SKODA”“MIC”“达达 36 路”等一众网友已经拿起胶片相机记录下了重庆、西安电车最后的影像。从那时起，全国的公共交通爱好者汇聚在 52bus 论坛，互通信息。我们很快就从线上交流发展到线下的铁路、公交、电车旅行。大家每到一地，都有当地车迷热情陪同或热心导引，反之亦然。就这样有来有往，我同很多朋友结下了珍贵的友谊。

本章重庆电车照片全部由叶明拍摄，此君对无轨电车的痴迷，对苏联、东欧电车系统的精通，都让我极为佩服。2015 年除夕，我在四川旅游，叶明从重庆回犍为老家过年，我们才在乐山有幸一会。

当年热映电影《疯狂的石头》让我对重庆心生向往，但始终未能成行。2023 年 4 月，王康约我以重庆为起点自驾西南五省，终于实现我多年的心愿。那天叶明为我们做向导，从沙坪坝开始，体验重庆地铁和单轨，乘坐保留大段电车走向的 401 路汽车，经解放碑、朝天门、两路口、上清寺、嘉陵江大桥，傍晚到杨家坪。叶明一路详细讲解重庆的市景变迁和他与重庆电车的故事，晚上又叫上刘松一起吃火锅。多年不见的网友难得相聚，慨叹二十年公交之巨变，直至深夜仍意犹未尽，道别之后我和王康从杨家坪坐 28 路（原 404 路电车）末班回到小龙坎。

这一天运转下来，重庆已经成为我心中最特别的一座城市。回想十几年的运转经历我又不禁感慨，正因为世界上有这样一些因热爱而痴迷的群体，我们的生活才得以前行，生活的历史才得以写就。

2002 年 8 月 3 日，朝天门信义街站始发的 401 路

2003 年 2 月 15 日，行驶在嘉陵江大桥上的 405 路电车，重庆恒通 CKZ-D65A

2003 年 6 月 23 日，左转上临江路的 405 路

渝澳大桥建成之后，嘉陵江大桥改为单向通行，因无轨电车不能改线，所以为 405 路保留了一条驶向上清寺方向的专用车道

405 路解放碑（夫子池）起点站

2003 年 6 月 7 日，404 路杨家坪站，今 28 路终点杨家坪人才联盟平台公交站

2003 年 6 月 23 日，402 路解放碑（颐之时）电车总站，左侧的空调电车票价比非空调车高 0.5 元，月票无效

2003 年 8 月 9 日，403 路杨家坪站

2001 年 8 月 24 日，位于小龙坎新街的沙坪坝电车总站

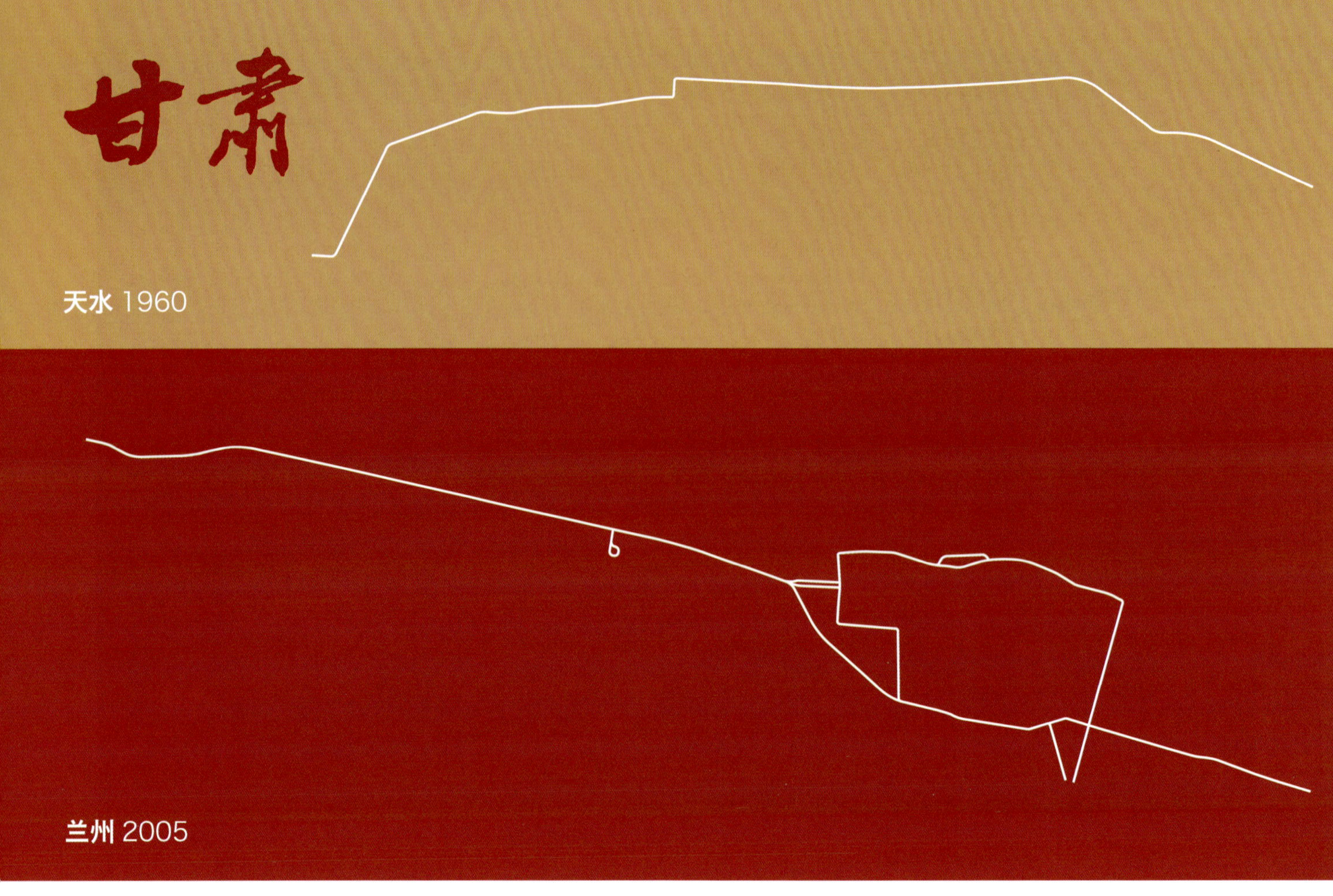

2007 年国庆节，我随谢昕一起从北京乘 T75 次列车抵达兰州，这是我第一次涉足中国西部，而对谢昕来说，兰州是他常去探亲的目的地。谢昕的大爷是地道的北京人，1965 年来到兰州并在此扎根。谢大爷退休前供职的单位，兰州石油化工机械厂，简称“兰石厂”，是苏联援建的“156 项”重点建设项目之一，1959 年建成后成为中国最大的石油钻采机械和炼化设备生产基地。兰州第一条无轨电车就是为兰石厂服务的公共交通配套项目，于 1958 年 8 月开工建设，1959 年 12 月 31 日正式通车。线路西起兰石厂西侧的土门墩，东至解放门，将兰石厂与兰州老城连为一体。

1961 年 10 月，兰州火车站至西关什字的电车线网架设完工，次年 1 路电车以解放门与西关什字为界分段运行，1964 年贯通，全程 13.45 公里。2 路电车 1963 年开通，由兰州火车站经平凉路、滨河路、西关什字至土门墩，1965 年停驶，1976 年恢复，由西关什字至职工医院，同年 1 路电车西端终点站改为兰石厂。1978 年 1 路、2 路电车更名 31、32 路。1987 年 32 路西延至辐照站，全长 10.8 公里。1984 年 12 月 25 日，开辟 33 路电车，西起小西湖，经解放门走白银路终到定西路东口，1994 年开行 34 路环线。

80 至 90 年代，兰州电车有上海 SK561G、沈阳 SY661、京一型、哈四型、成都 CD664D 等车型。1984 年，兰州公交采用 LG663(仿北京 BK663) 的车身结合上海的可控硅技术，试制成功 LGD563G 铰接电车，至 1989 年共装配 17 辆。

2007 年，兰州有 31、33 和 34 路环行 3 条电车线路，32 路已于 2006 年 7 月 26 日停运，33 路已经延长到兰空站。当时这 3 条线路共有 97 辆武汉扬子江电车，其中 31 路配 40 辆 2003 年 12 月出厂的 WG-D66USL 型“假尼”电车。

2008 年 5 月 5 日是兰州无轨电车运行的最后一天，当天兰州 3 条电车线路全部免费，每辆电车的前门旁边都贴着“欢迎免费乘坐电车，为您留下美好回忆”的标语。这两行告白让兰州市民为之动容，老乘客、电车司机都对无轨电车恋恋不舍，兰州电车就用这样的方式向服务五十载的城市做了最深情的告别。

兰州电车停驶之后，33、34 路配车报废，31 路的 40 辆扬子江 WG-D66USL 出售至太原，由太原公交、官地矿和杜儿坪矿接收。

2007 年 10 月 1 日上午 10 点，因架空线断电抢修，行驶到西关什字的电车集体停摆，正在作业的是一辆沈阳架线车

兰石厂车站

当年 31 路电车驾驶员几乎全是女性，她们以兰州特产百合为名，创建了著名的“百合花精品线路”

31 路在兰石厂终点回车线调头，2007 年这里还保留着向西通往福照站的 32 路线网

天水南路南口，31 路兰州站终点回车线

33 路终点兰空站，2002 年 7 月出厂的扬子江 WG-D65US

33 路在嘉峪关东路兰空站回车线调头

从滨河东路向中山路左转的 34 路东环，武汉同款早期直角窗版本 WG-D61U

2008 年 4 月 24 日，兰州火车站前平凉路路口调头的 34 路

34 路起点站位于兰州火车站西北方向的平凉路，在邮电大楼民主路路口右转向东的外环线称为东环，内环为西环

甘肃是中国地理版图中最为狭长的一省，甘肃省东部的兰州和天水是河西走廊的龙头，也是古丝绸之路的重要节点。天然的山谷地理形态造就了它们狭长的城市结构，而天水更是这样一座以“五城连珠”闻名的走廊型城市。

天水无轨电车至今未有影像资料现世，但在报刊和文献资料里有明确的记载。1958 年，天水市拆除了“长安”“咸宁”两座城门和城墙，同时受到渭源小型铁路通车的鼓舞，天水地委决定修建无轨电车。1958 年 7 月 10 日，天水自建的无轨电车通车，线路长 5.36 公里，东西向穿城而过，使用 1 辆天水汽修厂改装的电车。天水因此成为中国第五个，西北第一个运行无轨电车的城市。1958 年 7 月 13 日的上海《解放日报》以“全民办交通的又一范例，无轨电车沟通天水城乡”为标题，对这一事件进行了报道。

1959 年天水专署从上海购入 2 辆电车，又将线路扩建，总投资 50.88 万元，10 月 1 日电车线路东西两端分别延长至东十里铺和天水郡。与“大跃进”时期一些基础设施工程类似，天水无轨电车属于土法上马，群众热情很高，但技术先天不足，供电条件也比较差，电车运行很不稳定，最终天水专署决定用无轨电车与兰州的公共汽车进行交换。1961 年 11 月，天水以 2 辆电车及配套的机电设备从兰州交换来 4 辆汽车，从此告别无轨电车。

或许天水注定与电车有缘，时隔五十九年，这座丝路古城以全新的姿态重回电车城市行列。2020 年 5 月 1 日，天水有轨电车 1 号线开通，由天水火车站南的渭河北岸向西至五里铺，全程 12.9 公里，天水又成为西北第一个运行有轨电车的城市。

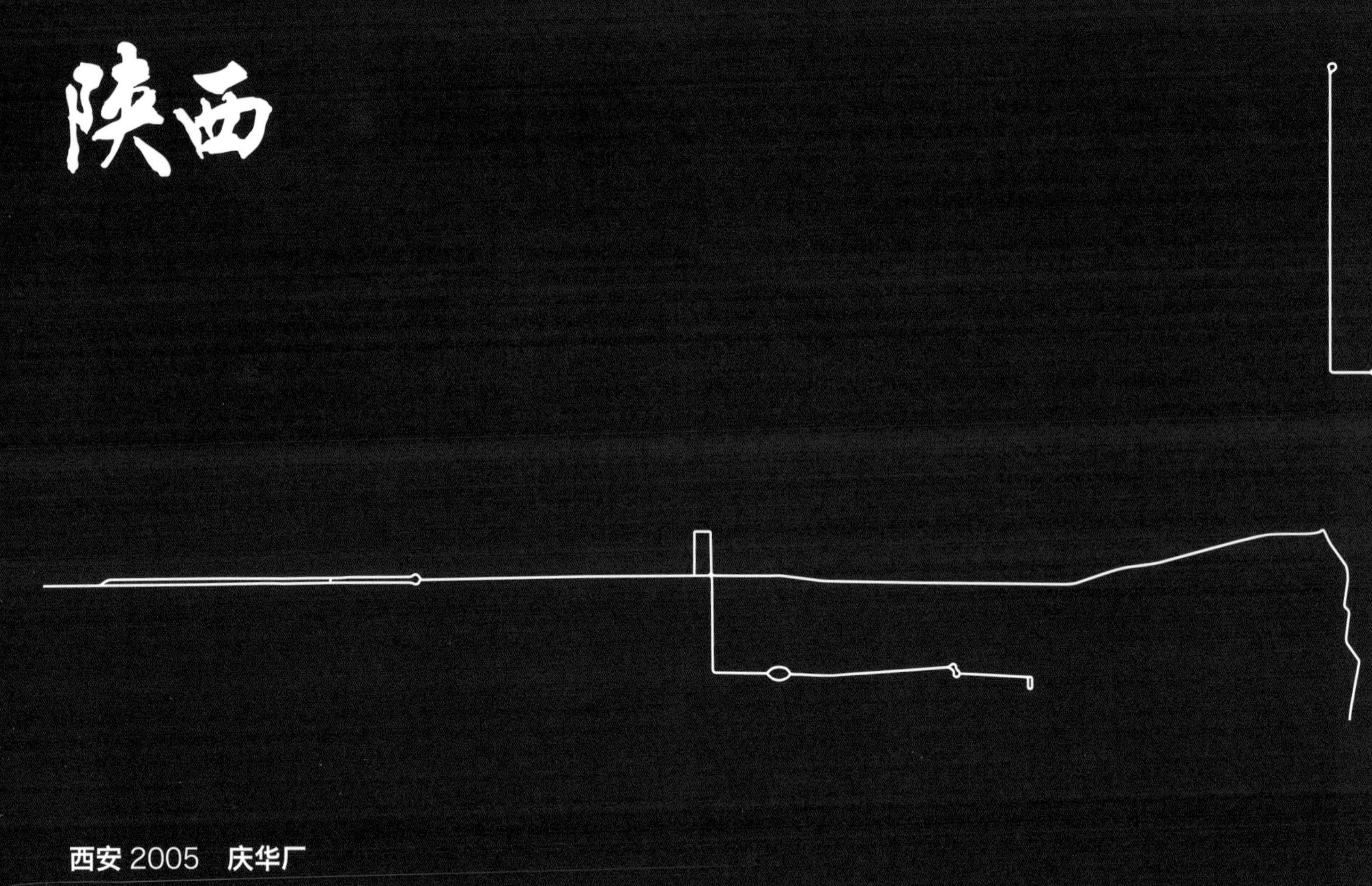

西安 2005　庆华厂

20 世纪 50 年代，陕西省成为国家“一五”计划重点建设的新兴工业区，苏联援建的“156 项”重点建设项目有 14 个安排在省会西安，是全国承接重点项目最多的城市。在西安的 14 个重点项目之中，除热电厂和陕西八〇四厂因功能要求远离市区以外，其余项目有 6 家分布在古城西郊的大同路（1959 年改建为大庆路）两侧，6 家呈南北向分布在东郊幸福路，奠定了现代西安的城市格局。

西安无轨电车与重点项目同期规划，在 1959 年国庆十周年之际率先开通 1 路电车火车站至钟楼区段，1961 年 7 月 1 日开通 2 路电车，由钟楼到大庆路劳动路路口。此后又在 1964 年元旦开通 3 路（火车站—面粉厂，后延长到汉城路），1971 年开辟 4 路（西门—韩森寨），1973 年开辟 5 路（钟楼—水泥厂）。1983 年，西安 5 条线路运营 144 辆电车，车型有京一 BK541、BK560、上海 SKD663、SK561、大连 DL661 等。1989 年 10 月，西安电车路号改为 101~105。

西安是我至今未曾探访的城市，所以西安电车的故事还是请西安人来执笔为妙，本章节内容由定居深圳的音乐教育者兼火车迷王启达以第一人称讲述。

以下是一个航天子弟与无轨电车的故事。

20 世纪 80 年代，我出生在西安市蓝田县秦岭山中的三线大厂——隶属于原第七机械工业部的“向阳公司”，内部称为航天部第四研究院。在我的记忆中，那是一个世外桃源般的小社会，我所有的亲人，七大姑八大姨，都在这家神秘的“公司”工作。这家公司组织庞大，总部在蓝田县的机关大院，内部的兄弟单位和工厂有着全套标志性的苏式红砖楼，散布在秦岭山中不同的山涧峪口。与之配套的子弟学校、医院、电影院、商店、澡堂等服务单位有 20 多家。出于保密工作的需要，这些单位对外都以特殊的数字代号称呼。例如 7414 厂，是指七机部第四研究院第 14 工厂，对外称 14 号。科研单位的内部编号是两位数，例如 41 所，是指第四研究院第 1 研究所，对外称为 13 号。我就生长在 13 号，不过 13 号的具体工作内容只有大人才知道了。

这些单位和工厂平时也有通勤服务，那个年代交通很不发达，大山深处的三线工厂职工出行只能依靠各单位的内部车队。车队每天定时开行穿梭于秦岭山中、各单位之间的循环班车，等班车，坐班车，是工人日常生活的一部

2005 年 1 月 28 日，105 路 SK5105GP 通过堡子村铁路道口

分。那时没有双休日，所以每到周日，各单位都会安排前往蓝田县城机关大院的班车。父母会带我坐 13 号的班车去姥姥家，同样，表哥表妹也会坐着他们父母单位的班车过来玩。逢年过节停车场最多时大概有 10 多辆班车，当年大人们都把这些车叫作“大轿子、大轿车”。这些大客车的司机门上印有每个单位的标识，在前挡风玻璃处张贴有内部数字编号，用以区分开行方向，像极了不同的公交公司与公交路号。儿时的我就经常驻足观察这些“大轿车”，它们的前脸上有西安、四达、骊山、四平、珠江、上饶、黄海、衡山等汉字标志。它们的轮毂和车门的细节也令我记忆深刻，例如 16 号的班车，只有中间一个车门，17 号的班车，中间和后面有两个门，而我们家 13 号的班车——上饶 SR665，是前后两个门……不知不觉间，观察路上各式各样的大客车，找出他们的区别，成为我的一种习惯。

时间来到 1989 年，这一年父母的单位从大山深处搬到了新址，位于西安市灞桥区田洪正街的航天科技集团第四研究院。这里离西安市区更近，相比蓝田的大山里要热闹许多，不但有通往搪瓷厂的 31 路汽车，而且居然还有无轨电车运行。这些车顶有一对大辫子，中间有帆布棚的两节车厢的电车，是我原先在大山里没有见过的，比我原来坐的班车要长很多，运行声音也很不一样，它们前脸上的标志是“上海”两个字。这就是我对无轨电车的第一印象，也是与 SK561 电车的第一次相遇。

但是田洪正街的无轨电车并不是西安公交运营的电车，要说清它的来历，还得从这条街道讲起。田洪正街长约 3 公里，除航天四院以外，这条路上还有另外 3 家单位：原兵器工业部的“庆华厂”；现在称为“火箭军工程大学”的“炮校”；还有一家从新疆马兰迁来的，现隶属于军委装备发展部的“西核所”；这 4 家单位被称为田洪“四大天王”。这短短一条街的威力不必细讲，请大家细品，反正小时候我们这片学校的孩子们都特别自豪，安全感满满。

“四大天王”中规模最大的庆华厂，即陕西八〇四厂，1953 年在此建厂，厂区在田王，为保证安全，家属区建在洪庆，正好是田洪正街的南北两端。3 公里的距离不算太远，但每天走路上下班也不太现实。据老人们回忆，最初庆华厂职工乘火车通勤，是一列由上游蒸汽机车牵引的 3

节 21 型绿皮客车。80 年代初，工厂自己出资，于 1983 年 2 月 9 日开通由厂区内到家属区的通勤无轨电车，配备 4 辆 SK561，2 辆蓝色，2 辆橙色，还曾有 SK542 单机电车。工作日清晨，洪庆家属区从 7 点开始，4 辆电车分两班，间隔 10 分钟，两辆连发，在田王厂区里下客后立即空车返回洪庆。中午 12 点下班时相反。下午上班是 1 点半洪庆开，下班是 6 点田王开。周末及非通勤时间，亦有大间隔的日常班次。但是，庆华厂是一座管理严格的军工厂，通勤电车只允许本厂职工凭证乘车，厂外人员不能乘坐。无轨电车就这样在田洪正街来来往往，接运着上下班的工人，一直持续到 20 世纪 90 年代末，军工企业改革，工厂不再喧嚣。后来西安公交增加了 231 路的车次，213 路延长到洪庆、二炮，又开设了民营中巴 507 路，田洪群众出行更为便利。与此同时，庆华厂已无力维护 80 年代建设的无轨电车系统，上海电车超期服役，日渐破败，在喜迎千禧年的时代里，庆华厂无轨电车谢幕了，没有停运通知，也没有新闻报道。

庆华厂最后两辆 SK561 一直停放在洪庆路口的电车回车场里，我最后一次见到它们，是 2002 年的夏天，那时我正在庆华中学读高中，也没能给它们留下照片。后来又四处打听电车的下落，也没有任何消息。曾经有高中同学说看到电车在一个回收站里，放学后我立马骑车飞奔去找，发现只是一台普通的客车。也许，只有我关注到电车的与众不同，也许，只有我会惦记它们。我曾无数次梦见上学路上电车从身边开过的身影，曾无数次假想过在某个挂锁的铁门缝中看见 SK561 那抹亮橙色，但是，始终没有。

在最近 20 多年里，我对庆华厂无轨电车的打探从未结束。这一切在 2023 年初，终有回响。上面这张 SK561 和 SK542 电车驶出庆华厂大门的老照片，是我爱好摄影的姑姑在她们田洪街道的摄友群中，通过相识的庆华厂老职工帮忙找到的，非常珍贵，特此鸣谢。收到照片的那一刻，儿时的记忆涌上心头，真的是我脑海深处的上海牌橙色和蓝色无轨电车，那一刻，我怀念过往，那一刻，我热泪盈眶。

2006 年 4 月 15 日，东关正街环城东路路口，黄蓝色涂装的扬子江 WG-D63UX 双源电车

如今的田洪正街有地铁 9 号线连通市区，这里比上世纪更加繁华，人们开车接送孩子，开车上下班，开车去郊游。走在这条路上的年轻人对曾经的无轨电车一无所知，只有街道两旁的老电线杆上还能依稀看出电车架线的痕迹。而我，会拉着孩子的手，跟他讲起田洪"大辫子"电车的故事。

接下来讲述的是我与西安公交无轨电车的又一段情缘。

2003 年 9 月，我成为西安音乐学院作曲系的大一新生，走出东郊的工厂大院，住进了市区的学校宿舍，时间更加自由，而且重要的是，我有了一部胶卷相机，也就是"傻瓜相机"。从那时起我就有意识地拍摄记录西安公交的变化，还到铜川、洛阳等地拍摄了即将退役的老式公共汽车、电车。

早在 1996 年，钟楼周边电车线网拆除，101、104 路"电改汽"，西安只有 102、103 和 105 路 3 条电车跨入新千年。在淘汰了上海 SK561、北京 BD562 和西安 XA561 之后，2000 年，西安公交更新了上海 SK5105GP"方头"电车和武汉扬子江 D61U 单源及双源 (D63UX) 电车，这一时期西安电车运营相对稳定，我用胶卷相机拍摄了大量照片。

2005 年夏天，城区道路大规模改造，电车开始频繁改线、停运，这时我有了第一部数码相机，西安电车最后的时光全部定格在我的电脑相册中。2004 年 9 月，公交二公司开通 103 专线，由城西客运站开往西安站，使用扬子江双源电车在枣园东路脱线行驶。这条线于 2005 年 10 月更名 108 路，使用汽、电车混跑，2007 年初移交公交六公司并改为汽车线路。2005 年 6 月解放路改造，102 改走兴庆路转长乐路进朝阳门。同年 12 月 12 日，配合东三环半坡立交建设，半坡至浐河站间拆线，105 与 103 配车互换，使用双源扬子江电车。2006 年 7 月，地铁 1 号线勘探施工，103 路改汽车，102 电车、汽车各一半，9 月这两条线又恢复电车运营。2007 年 1 月，东三环半坡立交通车，未恢复电车架空线，105 路全程需要在西安站前和半坡立交两次脱线行驶。此时的西安电车系统已经岌岌可危，大庆路—长乐路全线要配合地铁施工改造，电车无法通行，而西安的双源电车仅有 25 辆。

西安公交二公司（万寿北路，原电车二场）停放的 105 路和 102 路

在那个血气方刚的年纪，我和几位西安公交车迷发起了“保电”活动，在 52bus 中国公交论坛网上先后征得重庆、成都、武汉等地车迷的集体签名支持。于 2007 年、2008 年两次组织西安车迷到西安和兰州市中心电车途经路段，向市民宣传电车环保无污染的好处，希望能保留无轨电车。

2007 年 7 月 30 号，当得知 105 路即将改用汽车之后，我拿起相机，从水泥厂到火车站，历经 9 小时，徒步走完 105 线路全程，记录下每个车站 105 路电车的身影。

因西安地铁 1 号线施工，105 路电车在 2007 年 7 月底正式更换汽车并延伸到公交八公司。102、103 也分别在 2009 年 1 月 12 日和 15 日改为汽车运营，所有电车被拖至东月路停车场，至此西安无轨电车正式退出客运服务。

在这里要特别感谢的是，西安市负责电车运营的公交二公司，在 2009 年 1 月 16 日，也就是电车停运的第二天，特别挑选了 2 辆辅源状况较好的电车 2-331 和 2-369 回到电车二场，张贴了全新的 105 路牌，载着公交车迷，重走了一遍 105 的电车线路，尽管彼时 105 路已经改汽一年半，尽管部分路段线网已经断电，但是司机师傅们还是想拉着大伙，让大家再坐一次 105 路电车。而且电车二场还专门安排 1 辆清障拖车，一路跟随电车保驾护航。我们的电车没能一路挂线，最后还是依靠辅源，回到了 105 路电车的终点站——水泥厂。

在水泥厂的调头灯泡线，司机师傅最后一次尝试挂线，无轨电车升起大辫子，通电成功，大家狂喜，电车慢慢地从我身边驶过，就像我的一位老朋友，我知道，它真的要离开了。那一对大辫子，顺着架空线，为西安电车，也为了西安车迷心中的无轨电车，画上了最后一个圆。所有车迷，拿起相机，向服务西安五十年的无轨电车致敬，记录下这珍贵难忘的一刻。这是我更换单反相机后的第一次，也是最后一次拍摄西安电车。同样，这也是我最后一次乘坐西安公交 105 路，它是西安公交二公司 2-331 号扬子江电车。巧合的是，我生活四年的大学宿舍，也是 331 室。

我再也没有拍过西安 102、103、105 路汽车的照片，在我印象里，它们就应该是无轨电车。感谢那些年，一群年轻人为保留无轨电车所付出的努力。我们年轻过、付出过、不后悔。感谢西安无轨电车陪我度过四年大学时光，感谢那象征着永不妥协、永远指引我向前的那两条永不相交的架空触线。最后，感谢无数次带我回家的、我的老朋友——105 路电车。我现在深圳，过得很好，我时常会想起你、想起那些年追着你跑的那些闪闪发光的日子。

2006 年 4 月 15 日，102 路扬子江 WG-D63UX 驶过长乐门

2005 年 1 月 28 日，停放在大庆路电车一场南门的 103 路 SK5105GP

2008 年 10 月 3 日，西五路尚德路路口，向西行驶的 103 路扬子江 WG-D63UX

扬子江 WG-D63UX 车内

2005 年 1 月 28 日，从互助路立交桥上俯瞰 102 路

105 路水泥厂终点站，SK5105GP

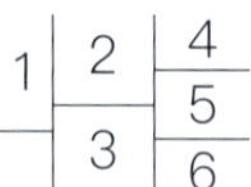

1. 2006 年 8 月 22 日，从五路口天桥北望解放路、西安站
2. 102 路穿行长乐门南侧券门
3. 2006 年 4 月 15 日下午 4 点，长乐门南券门发生交通事故堵塞内侧门洞，乘客推行没有辅源的电车从外侧门洞绕行
4. 2009 年 1 月 16 日早，西安电车送别活动开始，2-331 号扬子江电车驶出公交二公司，带上公交车迷重开 105 路电车
5. 2-369 在水泥厂回车线挂线调头，为西安无轨电车历史画上句号
6. 105 水泥厂总站的 SK561，绿色涂装曾是 105 的专属颜色

西安市公交二公司

105路

102路

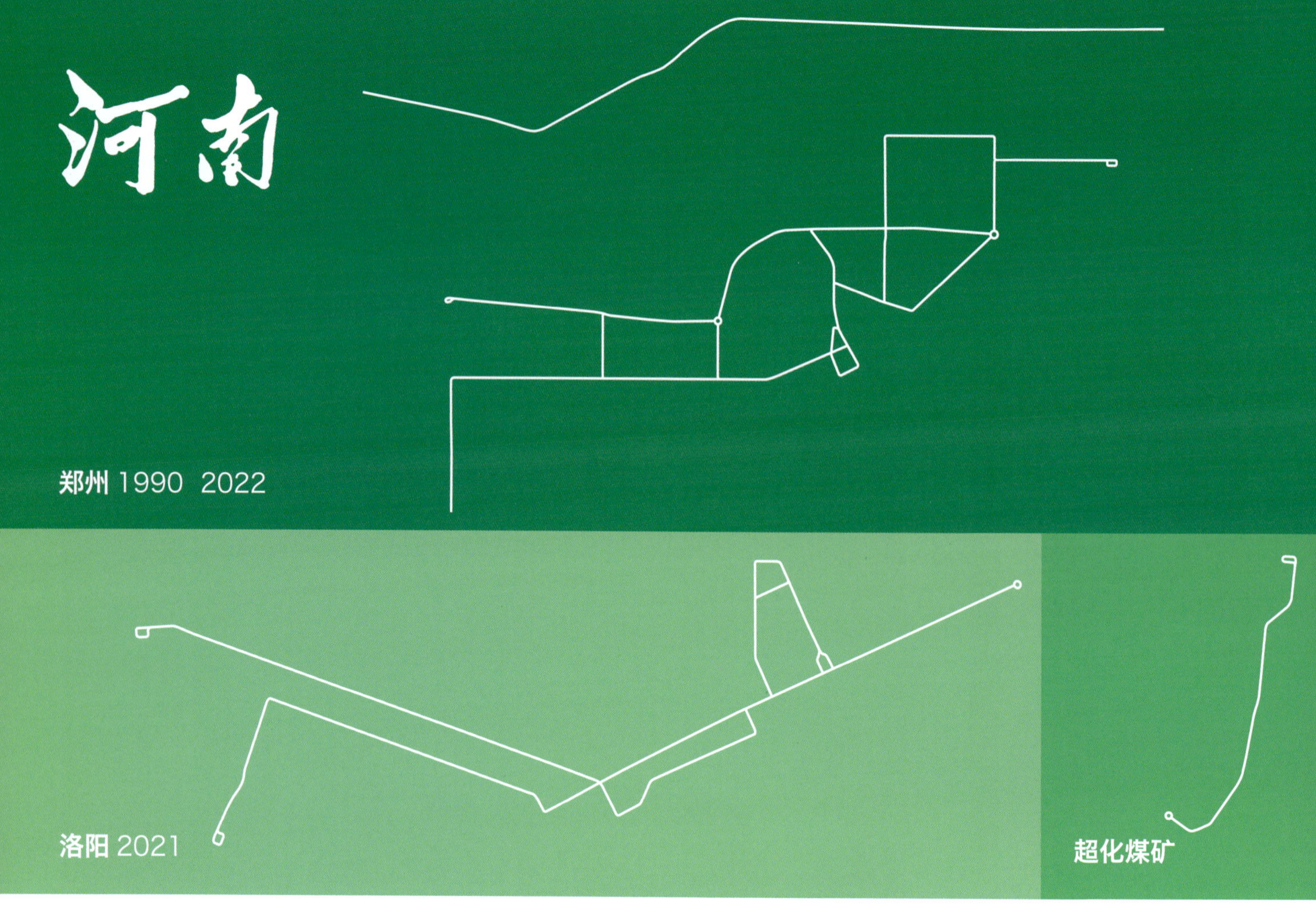

1954年，河南省会由开封迁至郑州，同年发布的郑州城市总体规划即包含无轨电车。1958和1964年，郑州曾两度计划筹建无轨电车，但因意见不统一、资金困难等问题未能实现。1978年5月，为改善郑州的公共交通状况，经省、市两级党委研究决定，郑州开始兴建无轨电车。在国家城建总局和北京、上海、杭州、武汉等电车城市技术支援下，郑州电车一期工程于1979年5月1日竣工通车。

一期工程由北京电车公司架设线网，线路东起纬五路电车场，经花园路、人民路、郑州火车站，向西下穿陇海铁路走中原路、建设路至国绵六厂伏牛路路口，单程13公里，配20辆上海SK561G铰接电车。这条线路走向设计合理，开通前四个月累计客运量达280万人次，营运收入28.35万元，净收入8.25万元，取得了很好的经济效益。

1980年6月，郑州开始建设第二条电车线路，由郑州电车公司架设线网，经北京电车公司技术人员验收合格，1980年国庆节通车。102路从火车站至伏牛路电缆厂招待所，1981年7月1日向北延长，经二七路、文化路、黄河路到纬五路省人民医院。1983年4月1日开辟103路，从紫荆山出发经人民路、太康路、铭功路、金水路终到国绵六厂，1984年9月1日改行嵩山路、中原路至电缆厂招待所，1985年10月1日南延至电器厂。1988年4月1日，102、103路调整走向，102火车站以东拆分为105路，同时开通104路，由紫荆山走金水路到国绵六厂，5条电车线路总长48.1公里。

1993年，郑州公交购置10辆推拉式侧窗的“大窗版”SK561G，无轨电车增加至93辆，其中90辆上海SK561G、3辆新乡XK646单机电车。1994年，郑州市区进行“四桥一路”建设工程，受新通桥立交、金水路和紫荆山立交施工影响，103、104、105停运。1995年1月105路恢复，2月试行103、104环线运营，但效果不佳又恢复原线。

郑州公交90年代末购入上海SK5102GP、SK5105GP、扬子江WG-D65US、沈阳二手SY-WG100等无人售票单机车型，SK561G铰接电车全部淘汰。2001年，103和105路“电改汽”。2009年9月，受地铁建设影响，101、102路也改为汽车运营。2010年1月2日，104路电车“暂停运行”，至此，郑州在20世纪70至80年代建设的5条无轨电车全部由汽车替代。

2005 年 6 月，郑州火车站，郑州公交 1997 年订购的前、后悬开门上海 SK5102GP

2023 年 3 月，B2 路无轨电车停靠西三环化工路 BRT 车站，两侧 4 门的宇通 ZK5125C

80 年代末期的郑州电车公司车场，运营车型全部为上海 SK561G

2010 年春节假期，我和韩梦华一起巡游河南，先后运转平顶山煤矿蒸汽火车、洛阳无轨电车和新密超化煤矿电车。可惜郑州最后一条电车 104 路已经在一个月前变为汽车线路，我们只在纬五路电车公司车场里见到了一些停驶的扬子江电车。改为汽车线路的郑州 101、104 路与西安 102、105 路状态相似，不仅保留了路号，而且走向和站位也基本没有变动。

在 2009 年之后的十年时间里，郑州建成并开通了 8 条地铁线路。2009 年开始运营的郑州快速公交线路也不断完善，2019 年已经发展成 30 多条线路的庞大 BRT 系统。在这十年里，郑州市还进行了大规模城市快速路改建工程。全线高架的三环路、陇海路、京广路、农业路和中州大道相继竣工，全新的立体化交通网络打破了陇海、京广两条铁路干线对郑州城市结构的割裂格局。

2017 年，郑州市筹划在新建成的农业路和陇海路高架桥下架设线网，沿途布设变电设施，将 B2 和 B5 路升级为无轨电车线路。2018 年 2 月，郑州市交通委宣布将首先在农业路高架桥下启动 BRT 无轨电车供电工程，而陇海路无轨电车规划暂未获批准。2019 年 5 月，农业路电车触线架设基本完工，单向长度 10.6 公里。又经过一年多的调试，2021 年 1 月 1 日，在原电车系统停用十一年之后，50 辆宇通 ZK5125C 型“在线充”电车在农业路 B2 区间（2021 年 3 月更名 B2 路）上线运营，郑州由此成为中国唯一全面停用电车，又再次开通新无轨电车线路的城市。

郑州 BRT 的宇通 ZK5125C 配装 151kWh 磷酸铁锂电池，理论满电续驶里程 150 公里。2024 年初，这批车除在 B2 和 B201 路利用线网运行以外，还有 3 辆调配至 B1 路，用外接充电口充电，以纯电动车模式运行。

2007 年 8 月 3 日，行驶在人民路的 101 路上海 SK5105GP 和扬子江 WG-D68UX

2009 年 6 月 21 日，102 路申沃 SWB5115GP-3

2009年11月13日，紫荆山立交桥始发的104路，扬子江WG-D65US

郑州公交 2005 年购置的扬子江 WG-D68UX

2010 年 2 月 17 日，纬五路郑州电车公司车场，已经停用的扬子江 WG-D65US

2011 年 7 月 8 日，扬子江空调电车驶出超化煤矿南井厂区大门，此处建筑已于 2016 年拆除

郑煤集团超化煤矿位于新密市超化镇申沟村与李坡村境内，距郑州市区 40 公里。超化煤矿 1993 年 12 月 8 日投产，这里最早购置的 2 辆上海 SK5102GP 电车出厂日期为 1996 年 12 月。超化矿电车原本长 1.57 公里，2009 年矿区道路改建，电车线路裁弯取直，缩减到 1.4 公里，成为中国最短的无轨电车线路。

第一次到访超化煤矿正值春节假期正月初四，这天通勤职工很少，只见到 1 辆扬子江 D68UK 电车运行，此车上午 10 点回到工人村随即下班，我们只好徒步考察电车线路。电车从工人村广场出发右转一路向南，至铁路专用线涵洞再南行 470 米进入南井矿区大门，换班职工在南井办公楼前乘降，电车右转至厂区西侧水塔下回车线为终点。超化矿电车或因行驶距离太短，竟然别出心裁地只架设了单向线网。由于无轨电车架空触线采用双线直流供电，通常为车辆前行方向左正右负固定电极，所以超化矿电车每次完成调头，通过并线器之后，需要司机手动切换换向开关才能继续行驶，否则电车将会倒行。不过从悬臂梁上残存的悬吊零件来看，这条线最初可能也是按双向线网设计的。

超化矿总共使用过 5 辆电车，2003 年，超化矿添置 1 辆扬子江 WG-D62UK 型 10 米样车，这是中国第一辆在煤矿运行的空调电车。2005 年，2 辆上海电车停用，超化矿随郑州公交同批次订购 1 辆扬子江 WG-D68UK。正是这辆车独有的空调配置才让公交爱好者发现河南还有一个超化煤矿运行着无轨电车，便立即前往申沟考察。2012 年超化矿再次订购 1 辆扬子江 D68UK 空调电车。

2014 年底，国家出台能源结构调整计划，要降低煤炭消费比重，煤炭行业产能出清。2016 年初，超化煤矿封矿停产，南井厂区的地上建筑随即拆除，无轨电车失去了存在的意义。超化矿电车线网剪断之后，2005 年购入的扬子江 D68UK 就一直停放在工人村的始发位置，那辆 10 米扬子江空调样车被放进南井厂区的废墟中，仿佛是被派去守护一个已经破灭的希望。

眼睛容不下一粒砂
安全来不得半点马

1 | 2 | 5
3 | 4 |

1. 超化煤矿的 SK5102GP，原为白色车身配红色条带涂装，2005 年停备
2. 超化煤矿 2012 年购置的最后一辆电车
3. 扬子江“独苗”，东风 153 底盘 WG-D62UK 样车，车身标识 WG6100
4. 2009 年 1 月 27 日，在老线路上南行的 WG-D68UK
5. 工人新村大门外的并线交叉线网构件

2023 年 3 月，停放在工人村广场和原南井厂区的电车，2012 年的 D68UK 下落不明

行驶在中州路的扬子江 WG6100BEVHM3 在线充电式纯电动客车

洛阳有四千多年的城市历史，先后有 13 个王朝在此建都。洛阳也是一座产业基础雄厚的现代工业城市，20 世纪 50 年代苏联援建的“156 项”重点项目有 6 个落户洛阳。一拖、洛铜、洛阳轴承、四〇七厂等多家重工企业分布在洛阳涧西。在笔直的建设路、中州西路、景华路和西苑路之间，构成了大规模配套生活社区和商业中心。1981 年 9 月，洛阳开始筹建无轨电车，一期工程以贯穿涧西工业区的 1 路汽车为基础，西起建设路西端的谷水西站，经中州路向东连通王城公园、洛阳火车站和老城西关。1984 年 9 月 28 日，洛阳 101 和 102 路电车建成通车，配 40 辆上海 SK561G。这是中国在计划经济时期新建的最后一个城市电车系统。

90 年代初，河南省利用世行贷款建设了一系列基础设施项目，洛阳电车二期工程是其中之一。1992 年 10 月，由西安公交电车供电所协助施工，在武汉路、景华路、金谷园路架设线网 7.67 公里。于 1993 年 4 月 10 日开通 103 路，由耐火厂经武汉路、中州路、解放路至洛阳站，102 路改走景华路、金谷园路到洛阳站，10 月 10 日 103 又与 102 对调，形成现今 103 路的走向。2002 年 10 月 5 日，103 延长到武汉南路南村，但耐火厂回车线一直保留，供 103 区间调头使用。

2017 年，洛阳地铁建设工程启动，地铁施工将拆除大部分电车线网，当时洛阳的申沃和扬子江电车都没有辅源，洛阳电车面临停运。2017 年 10 月，由地铁公司出资为洛阳公交引进的 67 辆扬子江双源电车投入运营。这批 10.5 米扬子江客车是洛阳第一批有空调、带辅源的无轨电车，不仅如此，这还是一款按照 2016 年国家新能源汽车补贴标准设计的“在线充”纯电动客车。它以锂电池作为动力，采用集电杆和充电口两种充电方式，电量 129kWh，理论续驶里程可达 150 公里，而 101 路全程只有 12 公里。这种“无线无轨电车”在洛阳为我们展示了电车的另一种使用方式，101 和 102 路实行“电电混跑”，大部分车次由广通纯电动车执行，扬子江电车在谷水西场站内使用充电桩或升杆连接架空线网充电，出场全程脱线运行，103 路在武汉路耐火厂以南的 1.3 公里是洛阳仅存的电车搭线行驶路段。

2023 年 11 月，景华路、中州路、王城广场、金谷园路春晴路口等处残存的架空线网和耐火厂回车线全部拆除，谷水西和武汉路的线网停止供电，所有电车使用充电桩充电。现在我们仍然无法以线网的留存判定洛阳电车系统的存续，脱离了线网束缚的电车可能早就改变了无轨电车的定义。

2004 年 8 月 12 日，中州路，洛阳公交 1993 年购置 15 辆大侧窗 SK561G，2006 年停用，是中国最后一批退役的 SK561G

SK561G 车内

101 路 SK5105GP-1 停靠西关车站

2010 年 2 月 16 日，102 路 SK5102GP 在洛阳站前右转驶上金谷园路

前、后悬开门的 SK5105GP、SK5105GP-1 是洛阳专属车型

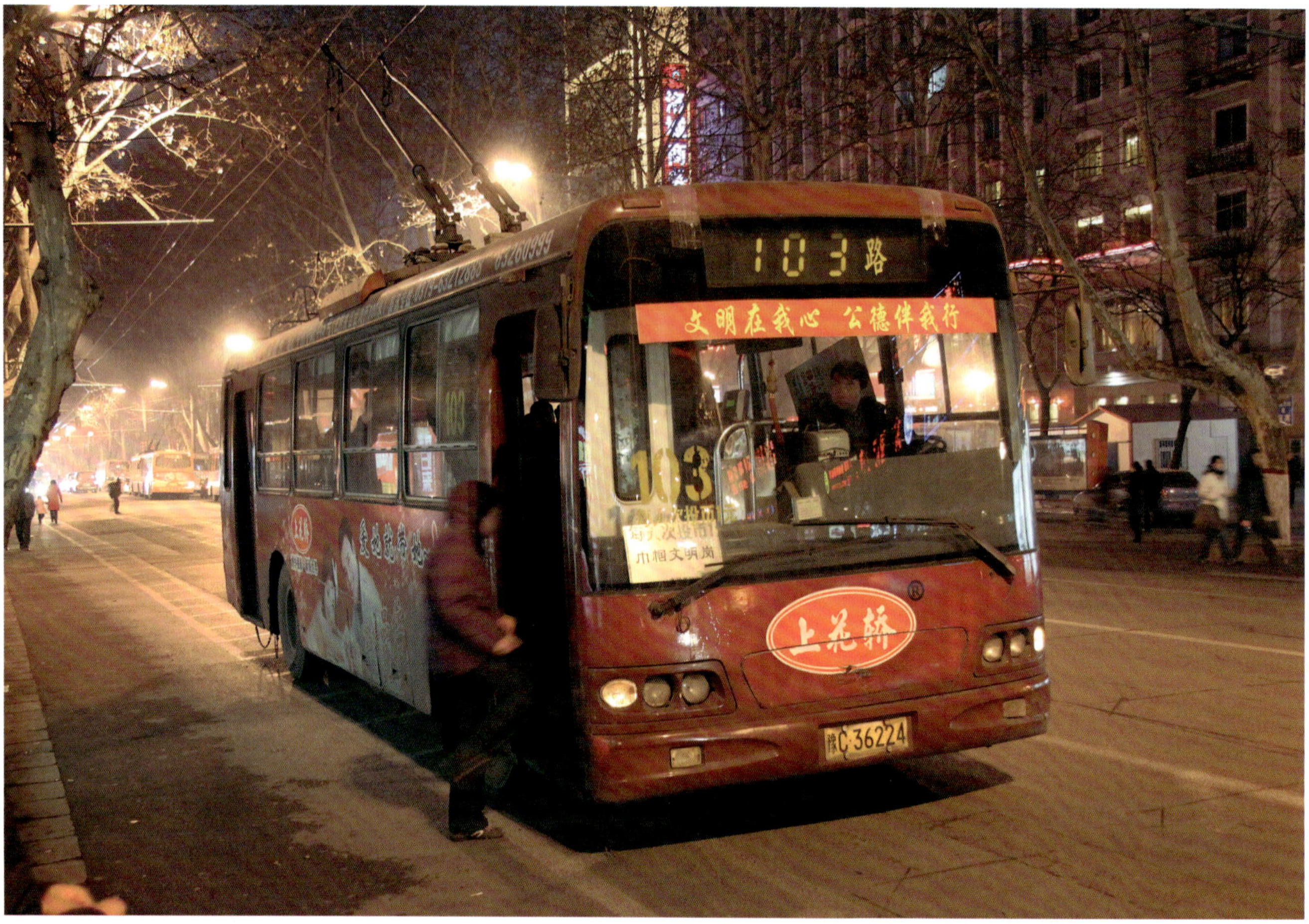

103路
文明在我心 公德伴我行
上花轿
C·36224

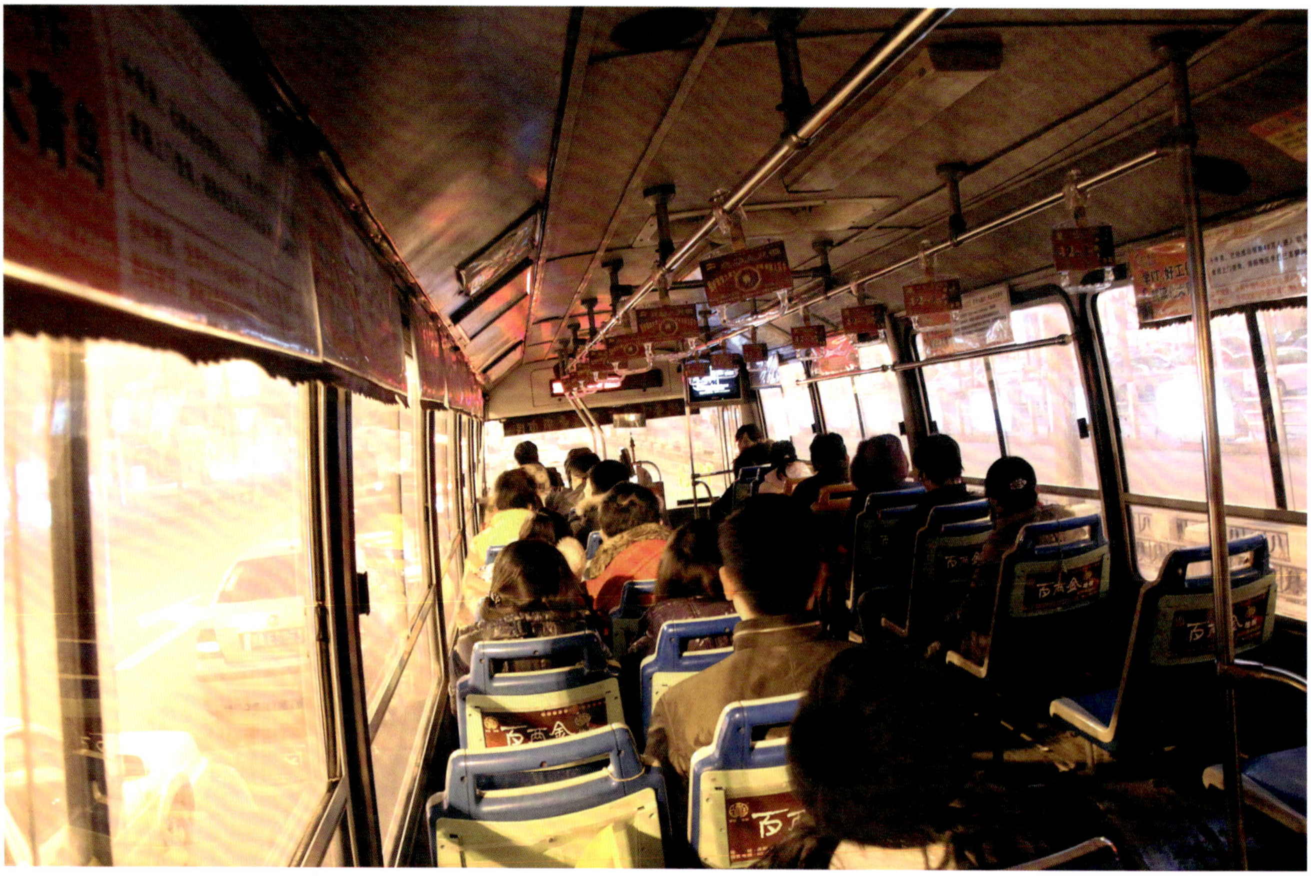

1、3. 2010 年 2 月 15 日晚，市中心医院站

2. 申沃 SWB5105GP-1 车内

2012 年 5 月 1 日，102 路 SK5105GP-1 行驶在中州路

2007 年 7 月 30 日，洛阳火车站始发的 102 和 103 路

2011 年 6 月 28 日，103 路驶出武汉南路电车场，此车为 2006 年购置的第一批申沃 SWB5105GP-3

2011 年上线的第二批 SWB5105GP-3

2014 年 4 月 5 日，2013 款扬子江 WG-D68UX 行驶在中州路

2012 年 5 月，宇通第一辆无轨电车 ZK6120BEVGQAA 借助洛阳电车线路进行测试

2014 年 8 月 21 日，101 路 WG-D68UX 通过谷水东耐火厂专用线道口

2023 年 3 月 19 日，103 路扬子江电车驶回武汉南路车场

2007 年 4 月 4 日，105 路西宫总站，北京华宇 BJD542F

废弃的 BJD542J 教练电车

2008 年 2 月 10 日，101 路扬子江 WG-D62UP 停靠大南门站

103 路重庆二手恒通 CKZ-D65A 行驶在南中环街，身后是 39 路的济客“黄河通道”

太原的 BJD542F 服役至 2008 年

2009 年 4 月 5 日，102 路在五一广场东北角左转

2011 年 7 月 10 日，行驶在胜利街的 102 路

扬子江 WG-D62UP 车内

大东关车站，圆角窗 SK5105GP

扬子江 WG-D62UP 驾驶区

杜儿坪矿电车起点站，太原 17 路至今仍保留“电车站”站名，新站位于此地西南方向约 700 米的虎峪河北沿岸路上

2010 年 4 月，从官地临时借调到杜儿坪的 2 辆 2005 款 BJD562

大东关车站，圆角窗 SK5105GP

扬子江 WG-D62UP 驾驶区

2010 年 4 月 4 日，扬子江 WG-D61UX 行驶在尖草坪立交桥上

2013 年 10 月 20 日，东社东电车场，来自兰州的扬子江 WG-D66USL 已经改装成双源电车

2014 年 4 月 16 日，南望尖草坪电车场，此时 104 路已经撤销，101 延长到太原站

2014 年 8 月 24 日，迎泽大街，脱线绕行五一广场的 102 和 103 路

2023 年 2 月 26 日，行驶在北大街的 105 路 WG6120DHA

太原至今未曾引进空调无轨电车，2023 年 7 月的高温酷暑时节 103 路还使用了纯电动城郊客车上线加车

2018 年 3 月 15 日，扬子江 WG6124BEVH“在线充”样车通过坞城路学府街路口

2008 年 2 月 9 日，杜儿坪坑口车站

在吕梁山东翼与汾河断陷太原盆地交界地带的近 2000 平方公里范围内，蕴藏着 200 多亿吨优质煤炭资源，这就是著名的西山煤田。1956 年 1 月 1 日，今西山煤电集团的前身，西山矿务局成立，下辖官地、西铭、杜儿坪、白家庄等多家大型煤矿，由此正式启动对西山煤田的现代化开采。

1957 年，西铭煤矿开工建设一条登山缆车，1959 年建成，日常运送矿用生产材料和本矿职工。1985 年西铭矿又在原缆车北侧新建一条客运缆车，长 440 米，高差 150 米，1986 年 10 月 26 日竣工投用。1963 年 12 月 8 日，杜儿坪煤矿利用运煤电机车铁路开行通勤有轨电车，从坑口到河涝湾，全长 6 公里，6 辆来自北京电车公司的 52 式 8 轮有轨电车全天 24 小时运行，1973 年又增加 4 辆电车。

西山矿务局 1983 年开始投资兴建矿区通勤无轨电车，1985 年 1 月率先开通官地矿电车，1986 年 10 月 1 日，杜儿坪坑口到矿务局机修厂（河涝湾电车场）的无轨电车开始运营，杜儿坪有轨电车停用。官地与杜儿坪电车原本都从河涝湾东的电车场发车，1987 年两条线路改由官地矿电车公司和杜儿坪矿交运公司两家分开运营，成为两套独立的线网。杜儿坪无轨电车东端缩短至铁路桥以西的河涝湾电车站，距离官地矿电车行驶的白家庄路 470 米。两条线分开之后，杜儿坪电车线路长 5.3 公里，官地矿电车从河涝湾商场至坑口全程 7.8 公里，中途在官地广场设有区间车回车线。

官地矿电车公司曾经运营 17 辆沈阳 SY561 铰接电车，累计购买北京华宇电车 44 辆，其中包括 4 辆特别订制版方

2009 年 1 月 27 日，一辆重庆电车向山下驶去

灯 BJD562 和 2 辆 BJD542。西山矿务局最初划给杜儿坪矿 10 辆 SY561，并在坑口以东 700 米的山坡下建立杜儿坪电车场。2004 年，杜儿坪矿购买 1 辆扬子江电车，接收 5 辆重庆二手电车，同时运行 13 辆 BD562 铰接电车。2008 年，这两条线路收购了 10 辆兰州退役的扬子江电车。2010 至 2013 年，杜尔坪矿购置扬子江 WG-D68US 空调电车 11 辆，官地矿购置 WG6120DHA 型 12 米电车 6 辆。

官地和杜儿坪两座煤矿距太原市中心约 15 公里，下元公交枢纽有 7 路和 17 路公共汽车经河涝湾直通官地广场和杜儿坪坑口。在互联网普及之后，西山两条煤矿电车经常有国内、国外的车迷前来体验。2009 年春节正月初二下午，我和谢昕到杜儿坪与陈远汇合，一起乘坐了杜儿坪矿的重庆电车，票价每人 3 角，这是当时唯一收费的煤矿电车。第二年杜儿坪电车票价涨至 5 角，官地电车虽然也曾有月票和 5 角车票出现，但后期一直免费乘坐。

2017 年 5 月 5 日，受虎峪河与白家庄路改造工程影响，运行了三十二年，曾经是中国最大煤矿电车系统的官地无轨电车停运。2018 年 9 月 19 日，出于同样原因，杜儿坪矿也在官方微信号上宣布无轨电车将在 23 日“暂时停止运行”。西山矿务局两大煤矿电车系统就此终结。

如今的官地广场和杜儿坪坑口停满了几百辆小客车，7 路因地铁 1 号线西山矿务局站施工断路调整为分段运营，17 路改行虎峪河畔。白家庄和官地矿区的道路焕然一新，只剩几根挂满铁锈的水泥电线杆依然矗立。

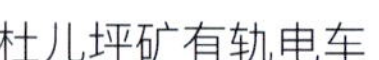
杜儿坪矿有轨电车

2008 年 2 月 9 日，杜儿坪街东行方向的 BD562

2009 年 1 月 27 日，杜儿坪坑口广场东行下山方向

2013 年购置的扬子江 WG-D68US 空调电车

6 辆兰州二手扬子江电车已经完成翻新，即将在杜儿坪开启自己的下半生

杜儿坪矿电车起点站，太原 17 路至今仍保留“电车站”站名，新站位于此地西南方向约 700 米的虎峪河北沿岸路上

2010 年 4 月，从官地临时借调到杜儿坪的 2 辆 2005 款 BJD562

这是杜儿坪矿 2004 年单独购买的 1 辆扬子江 WG-D66USL，此车采用西安金石电控，单列座椅布局

2009 年春节期间的官地广场

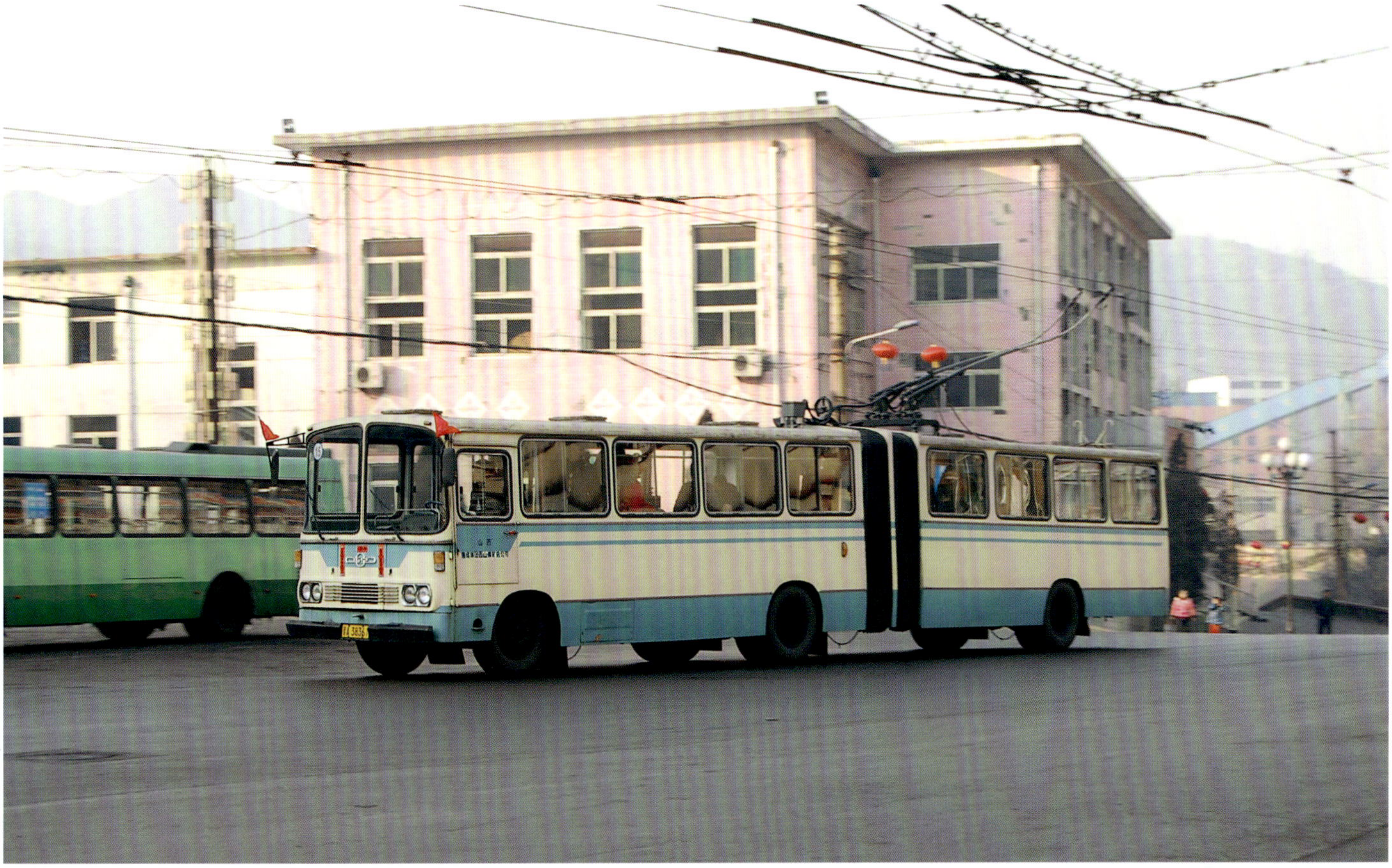

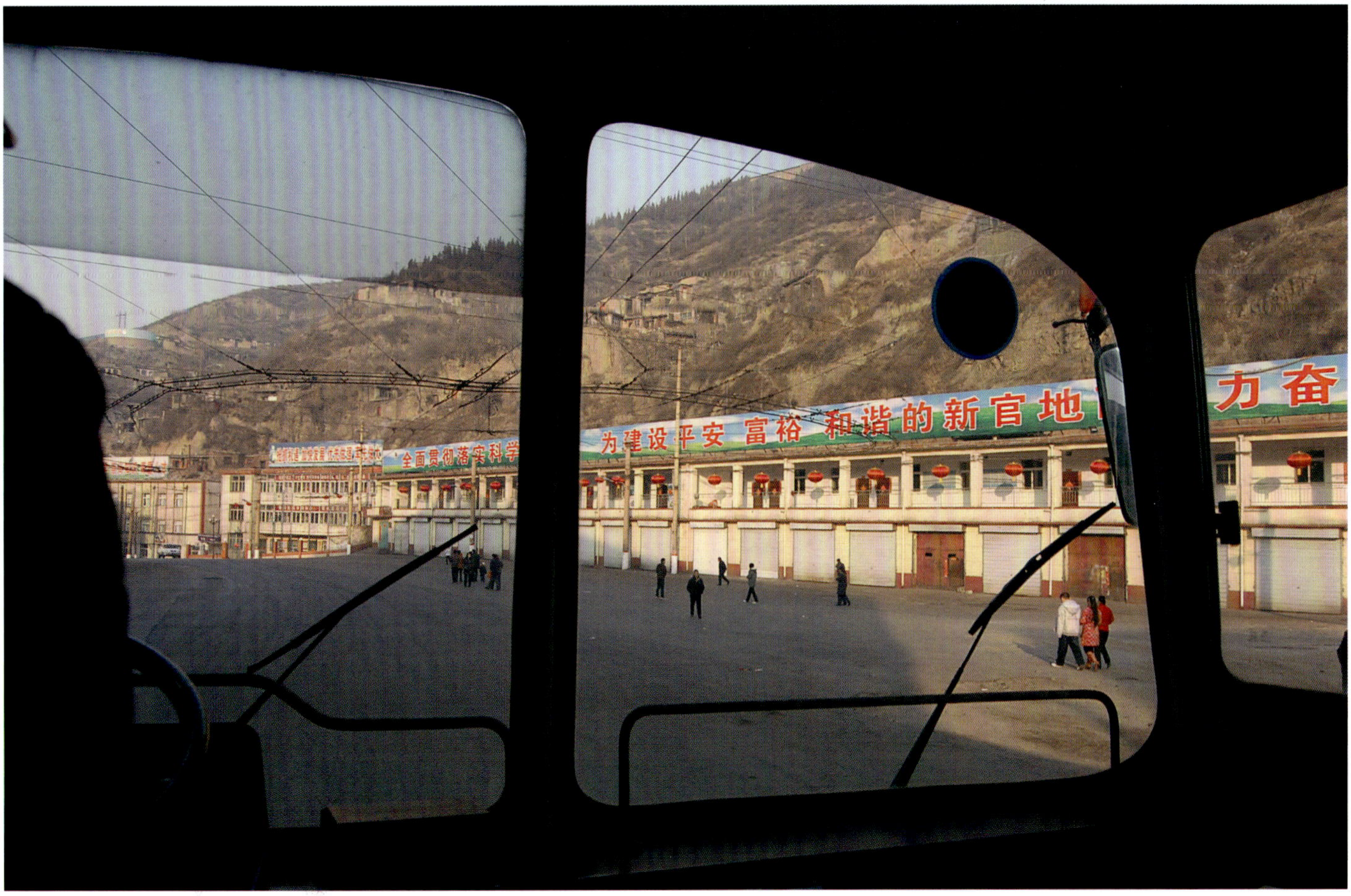
全面贯彻落实科学
为建设平安 富裕 和谐的新官地
力奋

官地矿坑口终点回车转盘

官地矿电车行驶在白家庄路，对面开往官地矿的是兰州二手扬子江电车

河涝湾商场车站

2009 年 1 月 28 日，官地矿电车队

20 多辆原色 562 电车，与北京电保厂风格一致的蓝色外墙，官地矿电车场一度成为北京车迷的怀旧圣地

官地矿订购的最后 2 辆华宇电车之一，2007 年 12 月出厂的 BJD542，车身长 10.35 米

官地矿最后 3 个批次的华宇电车，从左至右：2006 年的 562、2007 年的 542、2005 年的 562

2010 年 4 月 3 日，官地广场，电车已经启动

官地隧道已经在 2023 年掩埋填平

西山矿务局古董级架线车，沈阳 SY441B

2014 年 8 月 24 日，官地矿扬子江 WG6120DHA 开往河涝湾方向

潞安集团五阳煤矿坐落于长治市正北的襄垣县王桥镇，北距襄垣县城 4 公里。王桥镇浊漳河以东的五阳岭古称煤窑岭，在明代就有煤炭开采。清道光二十年（1840 年），李周元等三人集资在今天五阳煤矿南侧，浊漳河北岸的位置打下三口煤井，进行较大规模开采，当地人称之为老西湾井口。这座矿井出煤四年，因井下涌水太多而放弃开采。1946 年解放战争爆发，10 月 10 日国民党飞机轰炸河南焦作。在战争打响之前，晋冀鲁豫边区政府在焦作开办的新华煤矿公司已经开始北撤晋东南根据地。焦作煤矿护卫队和工人们冒着枪林弹雨，经太行陉古道，在 10 月底把煤矿机器转移到根据地。其中一部分新华公司的人员和设备被分配到襄垣县建设煤矿，矿址就选在道光年间遗留的老西湾井口。1947 年 10 月 1 日，五阳煤厂正式出煤。这里出产的煤炭全部用于炼焦，专供兵工厂钢铁生产。

自 1949 年 2 月起，五阳煤厂成为潞安矿务局的下属煤矿。1953 年，潞安五阳矿被列为“一五”计划国家重点建设项目之一，由苏联原列宁格勒煤矿设计院协助北京煤矿设计院设计。五阳矿区地面布局采用苏联模式，生活区设置在井口东北方向 3 公里的煤层开采区以外，规划每天开行 42 班次大客车接送工人上下班。这一设计确实比较科学，但是以当时的经济水平还是无法实现相应的通勤方案，直到 1985 年五阳煤矿无轨电车建成，困扰五阳职工三十多年的通勤难题才得以解决。

2009 年清明节假期，我同田天、赵鹏一起来到五阳煤矿。当天有 3 辆电车正在运行，2 辆 2001 年制造的 BD562 和 1 辆采用斯太尔车桥的华宇铰接电车样车。这辆车 2002 年试制，长 14.95 米，配装 90kW 电机，铭牌标称型号为 BJD562，出厂日期 2004 年 11 月实际是五阳矿的购买时间。

电车队车场里还停放着 8 辆备用和报废的电车，2 辆 16 米上海 SK562GP，2 辆 SK5102GP，1 辆 BD562 拆件车，2 辆 2004、2005 年试制的华宇 15.6 米东风 153 底盘铰接样车，另有 1 辆 1991 年的 BJD542 已经拆解大半。据电车队王队长介绍，五阳煤矿最初使用 2 辆北京二手京一型单机车，1986 年开始从北京购入多批次 BD562、542。4 辆 1995 年生产的上海电车有些“水土不服”，实际服役时间不长。2 辆 BJD-WG160 样车暂时备用，准备顶替 BD562。

集齐 3 辆北京公交的铰接样车是五阳煤矿电车队的一大特色，后来量产的 BJD-WG160A 相当于这 3 款车的技术集成。王队长还向我们透露，五阳煤矿对通勤电车比较重视，最近每年都要购置新车。可惜 BD562 已经停产，11 米样车又被邢台煤矿以 40 万的低价“抢走”，而北方 3 门样车(BJD-WG120KS) 底盘太低不适合矿区使用，否则很可能已经被五阳买下。所以他们最终决定订购 2 辆技术成熟、维护方便的 BJD-WG120 斯太尔电车，而且将使用五阳矿旧车拆下的电机。2009 年 11 月，2 辆新造的 BJD-WG120 交付五阳煤矿，2012 年五阳煤矿又增购 2 辆 BJD-WG120。在太原西山两大煤矿电车停用之后，潞安五阳电车成为中国唯一一条厂矿通勤无轨电车。

2018 年 3 月，网上出现一则招标公示，襄垣县世通公交公司采购 2 辆双源无轨电车项目由宇通客车中标。车辆交付时，五阳社区西坡下的滨河东路已经架设起 1.8 公里电车线网，线路北起迎宾东街，南至五阳电车行驶的 015 乡道岔口，但是并未与五阳煤矿电车触线连接。世通公交使用 2 辆宇通 E10 电车开行了 36 路观光车，然而实际路线并不经过架线路段。总之襄垣无轨电车计划始终未能实施，车辆和线网一直闲置。

2009 年 4 月 5 日，五阳煤矿电车队，北京、上海两款 562 电车难得同框

前悬开门的 SK562GP，车身长 15.99 米

废弃的 BD542

2013 年 10 月 15 日，五阳最后一辆 BD562 开往矿区方向

沦为拆件车的 SK5102GP 和 BD562

矿区子弟在坑口澡堂洗完澡乘电车返回家属区

五阳煤矿的孤品 BJD562，配装斯太尔轮边减速驱动桥，10.00–20 轮胎

五阳家属区回车线，五阳煤矿电车由家属区到矿区新井工业广场，全长 2.7 公里

BJD-WG160 型 4 门样车 2004 年试制，选用加装一级减速器的东风 153 驱动桥，ZQ-90 电机，沈阳新阳光电控

BJD-WG160 驶离新井工业广场回车转盘

此车后期改造了车灯和电控箱，2019 年退役，它身旁的第二版 3 门样车可能从未运营，终身为 4 门车提供零件

五阳煤矿的扬子江 WG6120DHA

2012 年 11 月出厂的 BJD-WG120

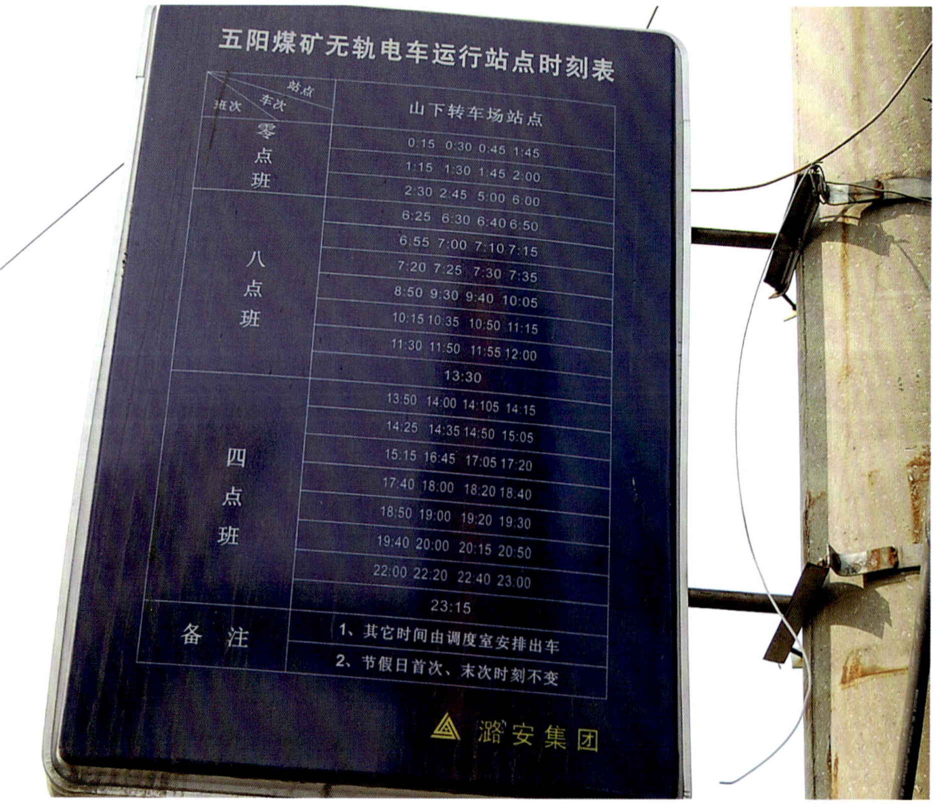

五阳煤矿 2008 版电车时刻表，日常 66 个班次

BJD-WG160 三门样车，2005 年制造

五阳煤矿跨线桥 1997 年 12 月建成，次年电车过桥延伸至新井工业广场

2018 年 11 月 17 日，从襄垣汽车站发出的 36 路观光车

2023 年 7 月，襄垣县下良客运站停放的宇通 E10 双源电车

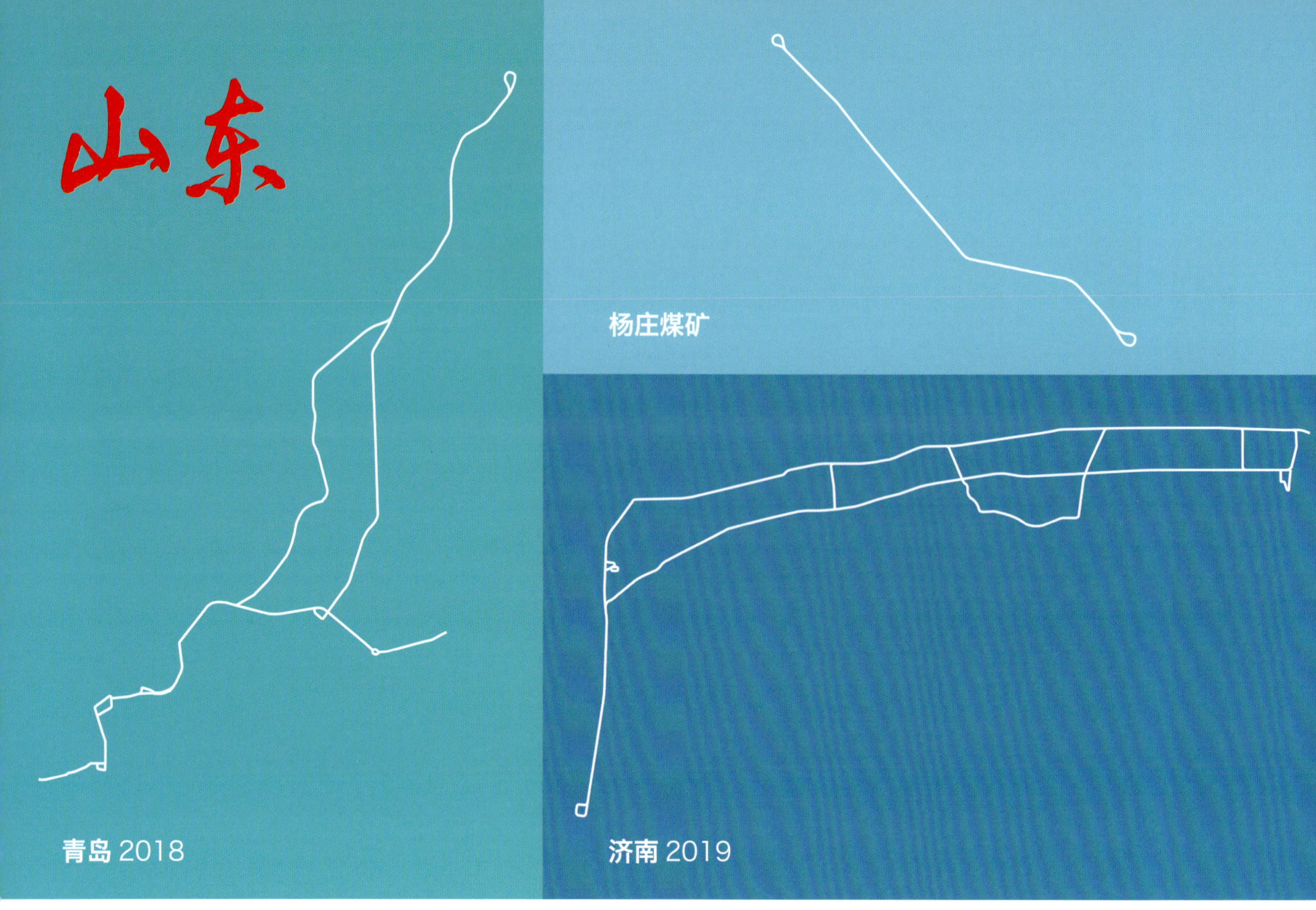

济南无轨电车于 1976 年 1 月开工建设，首期线路从经十路第五人民医院向东走经四路、共青团路、泉城路到解放路荣军医院，长 11.6 公里，1977 年元旦正式通车，配备 20 辆南京 ND661 铰接电车。1978 年元旦开通 2 路电车，由解放桥向南走历山路、文化路、经七路终到经五纬十二，配 10 辆上海 SK561。2 路 1988 年延长到甸柳庄，次年 9 月 1 日历山路以东线网建成，2 路改行和平路终到葛家庄。1990 年 8 月 1 日，开通葛家庄至解放阁的 3 路电车。1991 年，3 路向西延长至经五纬十二。泺源大街改造之后，开辟汽车改装二厂（葛家庄）经由泺源大街到经五纬十二的 102 路，2 路电车西端终点改为文化路山东剧院。1992 年 8 月 18 日，南辛庄西路线网扩建工程竣工，102 延伸到建材学院（今济南大学站），全长 14.3 公里。此后 1 路改为 101 路，2 路调整为 103 路，3 路撤销，1994 年济南仍为 3 条电车线路。

济南电车公司 1978 年利用南京支援的技术，仿照 ND661 生产 14 辆济南 JN560 铰接电车，1980 年开始引进上海 SK561G 可控硅电车，80 年代又组装了一批喷涂“济南”标志的 14 米铰接电车（见第 14 页）。1982 年末济南有 57 辆电车，此后又引进多批次 SK561G。1995 年济南公交接收 20 辆广州二手 SK561G，1996 年无轨电车增至 102 辆。

2000 年 9 月 26 日，104 路（济南大学—趵突泉）开通，使用济南公交在 90 年代生产的仿 SK561G 双门铰接电车。这款车采用建设部统型 171A 四类底盘，矩形钢管结构，配装一汽 CA151 车桥，车头不设路牌窗，2006 年退役。

自 2010 年起，济南的 4 条电车线路又时常因市政建设而改线或停运。2011 年，101 路的 JK6120D 加装辅源，离开黑虎泉路，脱线改行泉城路。2013 至 2015 年，济南公交采购 20 辆宇通 ZK5125A 和 61 辆中通 LCK6123GEV 型低入口双源无轨电车，逐步取代 JK6120D。

济南重汽黄河牌 JK6120D 型无轨电车是与北京华宇 BJD-WG120 同期研发的姊妹车型，采用重汽斯太尔底盘，2000 年试制成功，共生产 140 辆。这款 12 米电车为济南独有，它的车内空间利用率高，载客量大，是泉城最经典的功勋车型之一。2018 年 8 月，济南的斯太尔电车全部退役，编号 2244 的 JK6120D 被山东交通学院收藏，成为长清校区的文化景观。

2007 年 5 月 2 日，趵突泉东门，早期“长条灯”JK6120D，当时 102 和 104 路西端终点为南辛庄西路

2007 年葛家庄电车场尚存 2 辆济南造 561G 电车，编号 0538、0557

2010 年 2 月 24 日，经四纬二路口东行的 101 路 JK6120D

2014 年 6 月 7 日，经十路电车场，这一年 103 因修路停运，101 东延至姚家庄

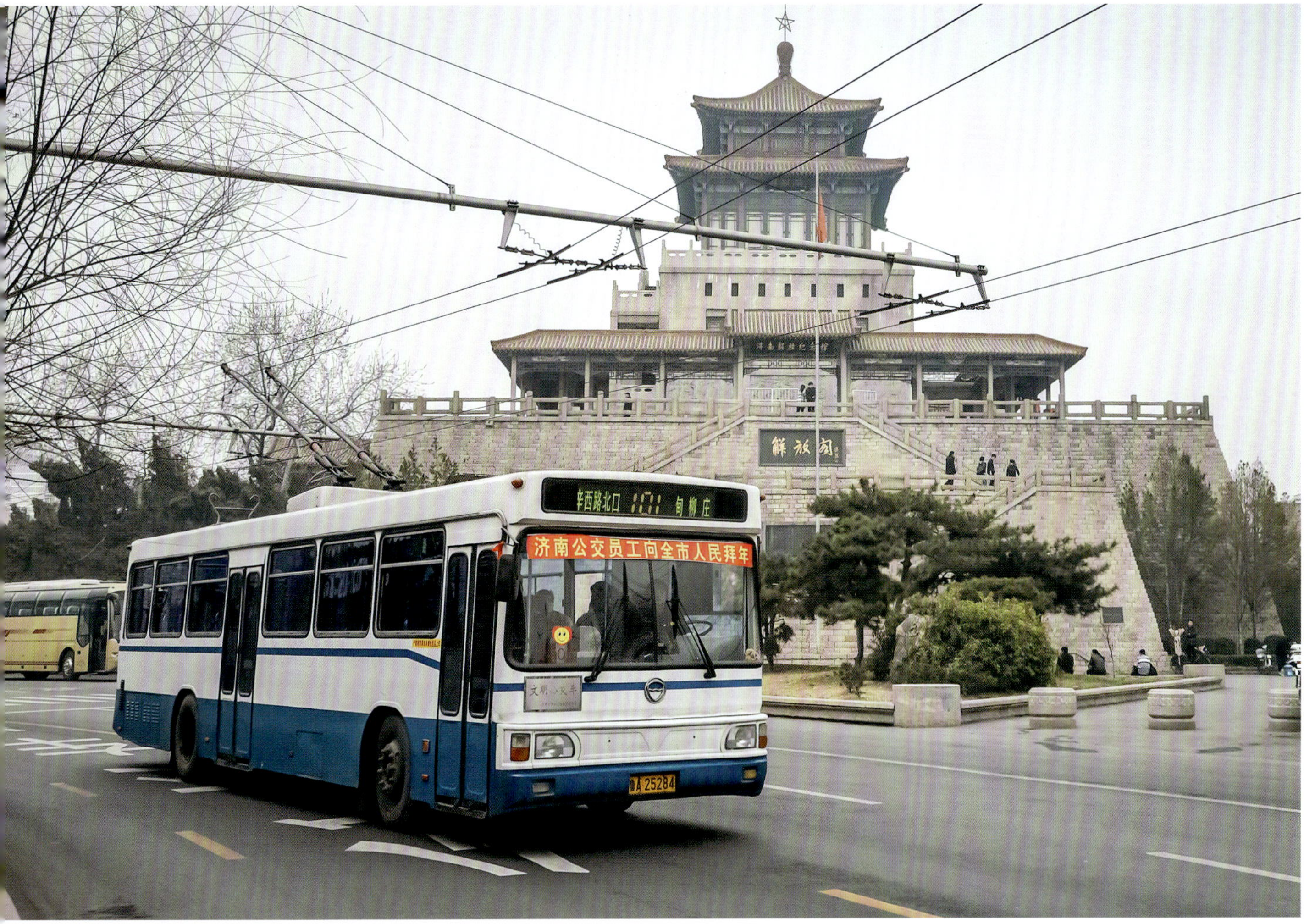
济南公交员工向全市人民拜年
解放阁

aigo

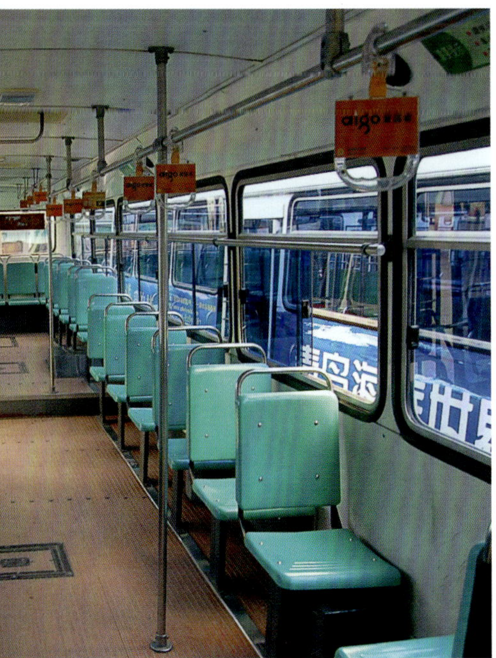

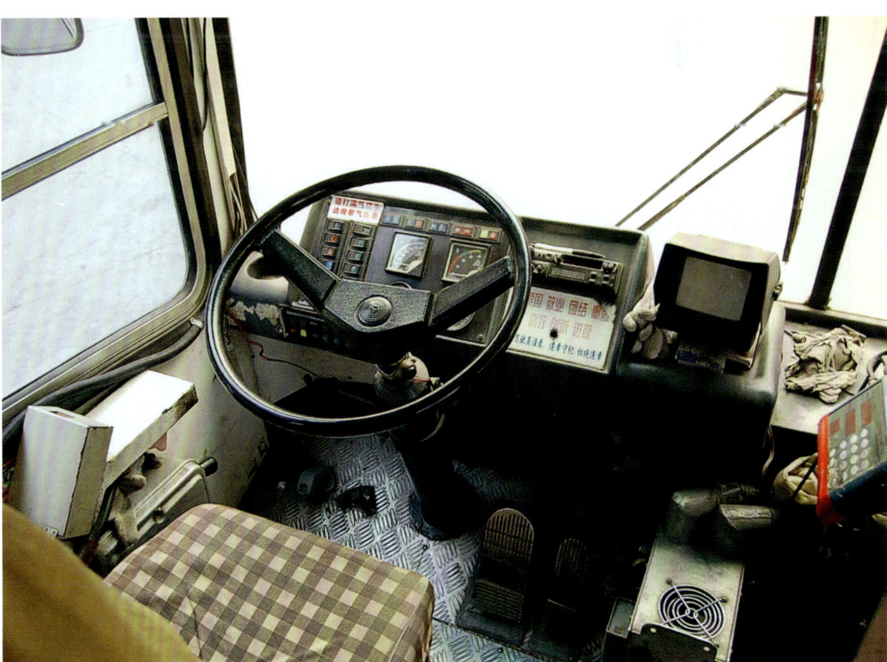

2014 年 5 月 2 日，102 路宇通 ZK5125A 和 104 路 JK6120D 驶出南辛庄西路电车公司车场

2012 年 1 月 27 日，姚家庄电车场

济南因其特殊的地形地质构造，使大量水源自南向北汇集于城区地下，并且在地表形成多处天然涌泉，济南由此得名“泉城”。近年来济南在城市建设中非常重视保护地下水系，因此只能在城区外围修建地铁，经四路—泉城路—解放路和经七路—泺源大街—和平路，这两条市区重要的交通走廊均未建地铁。为了解决市区交通难题，济南市在2008年10月1日开通了快速公交BRT线路，至2020年，济南 BRT 已经发展成为中国最大的城市快速公交系统，运营 13 条主线和 33 条接入 BRT 站台的“B”字头普线。

2015 年，济南市开始制定宏大的无轨电车发展规划。计划依托成熟完善的快速公交网络，结合无轨电车运营经验和在线充电式纯电动客车技术，构建零排放的新能源 BRT 无轨电车系统。经过两年的评估和审查，2017 年 10 月 23 日，亚洲开发银行正式批准 1.5 亿美元贷款，用于“山东泉城绿色现代无轨电车示范项目”。这个项目旨在通过建立一个新型无轨电车网络，改善济南的城市交通环境，并为济南市制定与无轨电车系统一起实施的可持续城市交通策略，最终通过综合公共交通服务和零排放无轨电车网络，实现可持续发展的城市交通体系。项目计划建设 75 公里供电线网，将 21 条线路改用无轨电车，增加 735 辆在线充电式双源无轨电车。

2018 年，2 辆两侧 6 开门的 18 米无轨电车样车，重汽 JK6186GBEVQ1 和中通 LCK6180EVG，送交济南电车公司测试。一年之后，中通客车中标，北园路和二环东路高架桥下的线网架设工程也在 2020 年全面启动。济南 BRT 无轨电车是在原有电车线网外围新建的电车系统，采用“充电走廊”模式，运行 300 多辆“在线充”电车。2023 年，济南 BRT 无轨电车基本建成，BRT1、BRT4、BRT7 和 B57、K125 等 14 条线路改用无轨电车，或与纯电动客车混合运营。济南电车成为最近三年国内唯一大规模扩展的电车系统。

ZK5125A 于 2013 年 12 月交付济南公交，上线初始不开空调，保持 1 元票价，因此路号前未加“K”

中通 LCK6123GEV，K101 路 2019 年 11 月改为 24 小时运营，部分车次由纯电动客车执行

行驶在北园高架路下的中通 LCK5180A 型 18 米 6 门电车

K103 路 2020 年 1 月 1 日更换中通 LCK5120A 型 4 门电车，同年 5 月在解放东路接入 BRT 站台，更名 B103 路

2008 年 5 月 22 日，青岛火车站始发的 2 路和 5 路电车

20 世纪 20 年代，青岛首次筹划有轨电车，30 年代，胶澳电气公司又设想与日伪政府合办电车，均未能实现。1956 年，青岛市人民代表大会接受市城建局关于建设无轨电车的初步意见，市城建局于 1959 年 9 月编制完成无轨电车建设总体规划和二年设计任务书，报请青岛市人委同意，经山东省人委核准，决定在青岛建设无轨电车。1959 年 11 月青岛市成立电车筹备处，选派人员去北京、天津和上海培训。

1960 年 10 月 21 日，青岛无轨电车建成，先期试运行 3 辆上海 SKD644 和 1 辆天津 C-59-3 型电车。1961 和 1962 年分批增购 15 辆、4 辆天津无轨电车。1963 年 1 月 23 日，青岛第一条电车 2 路全线通车，由西镇至延安路广场，长 7.7 公里，配备 23 辆单机电车。

火车站到四方北岭的 5 路电车于 1964 年建成通车，1965 年延长到造纸厂，全长 13.4 公里。这条线路串联起青岛北部工业区的四方车辆厂、纺织厂、造纸厂等大型企业，向南直达市区、海滨和火车站。1981 年 12 月建成东镇到北岭的 5 公里电车线网，开通东镇至造纸厂的 30 路无轨电车，此后青岛无轨电车线网格局未有较大变动。

青岛公交曾在 60 年代试制一批京一型电车，70 年代引进上海 SKD663、武汉 WH651 和南京 ND661 等铰接车型。1990 年，青岛有 142 辆无轨电车，其中青岛 QD561/561G 共 25 辆，上海 SK540 单机 10 辆，SK561 铰接 15 辆，SK561G 型 92 辆。在 21 世纪的头几年，103 辆上海 SK5105GP 成为青岛电车主力车型。2006 年，申沃青岛工厂制造的 46 辆“大嘴”SWB5105GP-3 投入运营，2011 年又购入 46 辆 SWB5106，2012 年购置 17 辆重汽 JK5109D。

2015 年 7 月，青岛公交借用 1 辆北京公交的青年 BJD-WG180N，临时开行胜利桥至市立医院的 366 区间测试运行，探索利用电车线网将汽车线路改用 18 米双源电车的可行性。青岛交运公司 2017 年引进 20 辆北方 BFC6129GBEVS1 纯电动客车，在城阳区新韵路场站内升杆充电，运行线路全程无线网。2018 年，青岛公交采购 62 辆宇通 E10 双源电车，又在胜利桥电车场安装了捕线器式充电器，2 路电车逐步调整为原 2 路汽车走向，在线路两端部分站点脱线行驶。2023 年 10 月，17 辆宇通 ZK5105C“复古铛铛车”上线，再为青岛电车增添一份传统韵味。

2013 年 4 月 4 日，30 路 SK5105GP 驶出胜利桥车场

前脸带格栅的申沃 SWB5105GP-3 以及 SWB5106、重汽 JK5109D 都是青岛独有车型

改为海浪涂装的 SWB5106“方块”电车，2022 年退役

原色 JK5109D

青岛公交 2014 年改造的双源试验车

BFC6129GBEVS1 是一款利用无轨电车线网充电的试验车型，它的集电杆没有拉簧，全靠气缸控制升降，不适宜搭线行驶

2017 年 12 月，在青岛测试的扬子江 WG6120BEVHR3“在线充”电车

宇通双源电车在胜利桥电车场使用捕线器式充电器，胜利桥车场的架空触线在 2023 年全部拆除

2023 年 2 月 12 日，河南路曲阜路口，2 路宇通 E10(ZK5105A) 电车

2 路电车“姐妹班”车组成立于 1978 年，这是专为她们定制的“枫叶红”彩车

青岛城运在 2020 年购入 46 辆宇通 ZK5105C 型 10.5 米“在线充”电车，2021 年投入运营

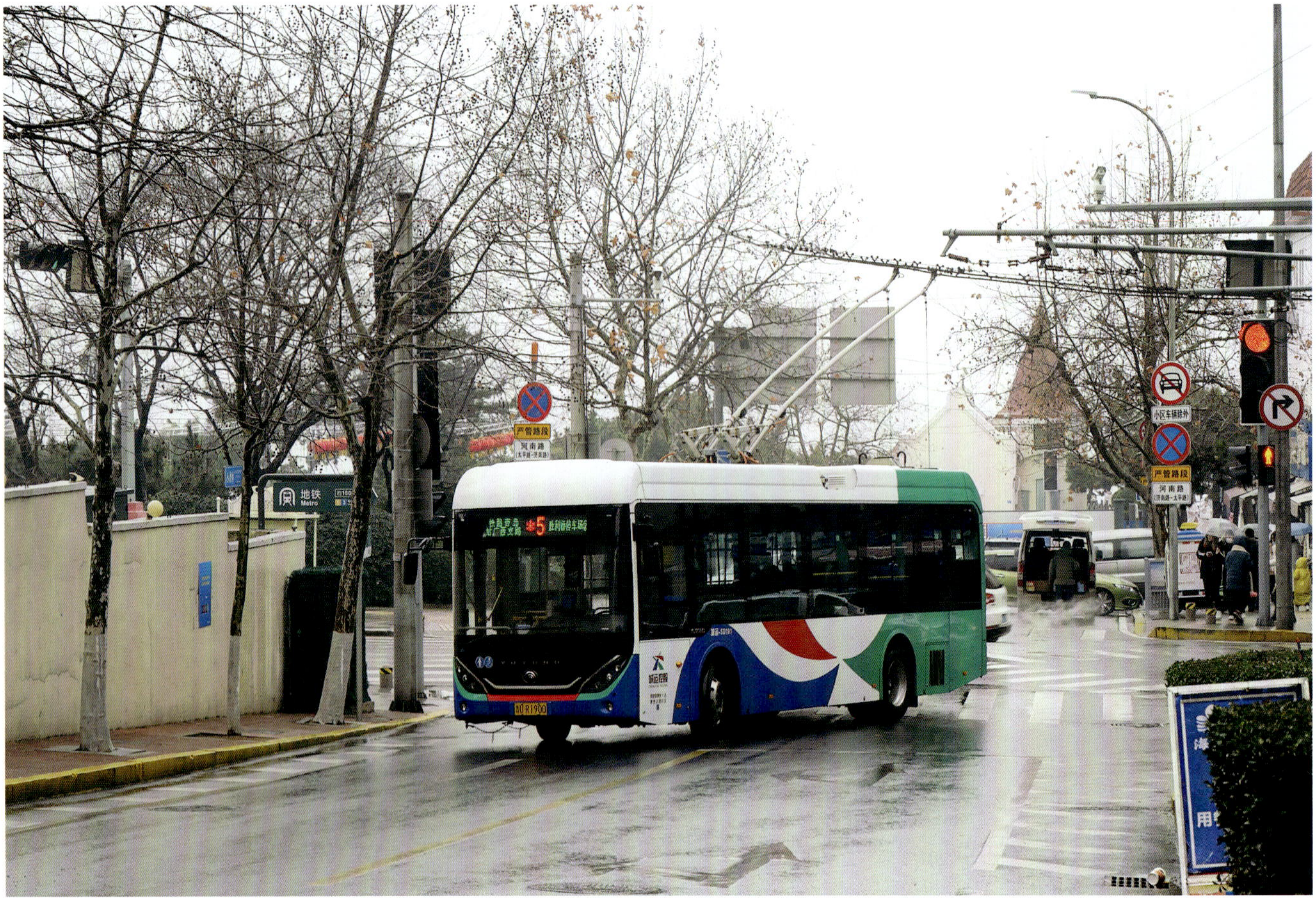
地铁
Metro
严管路段
河南路

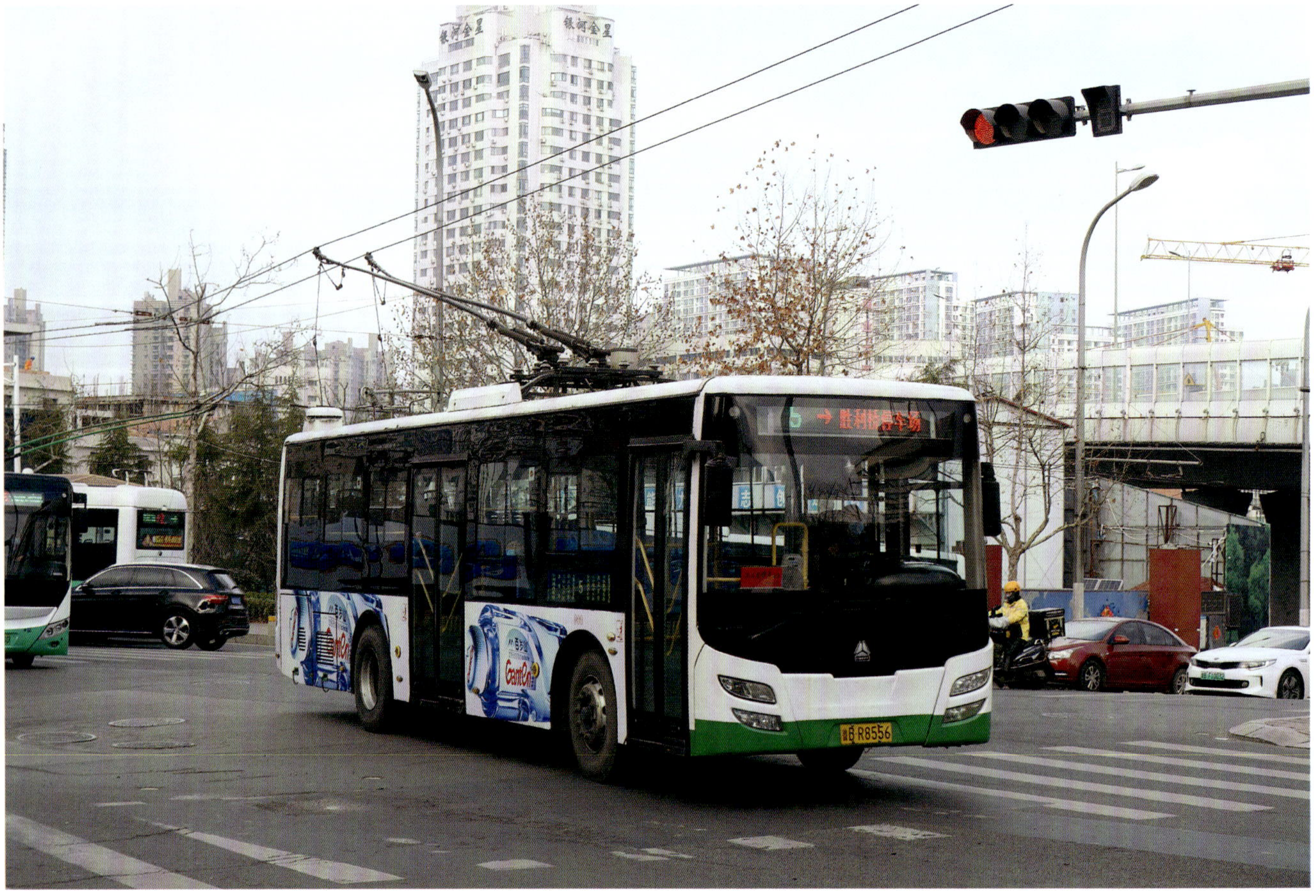
银河金星
银河金星
5 → 胜利桥停车场

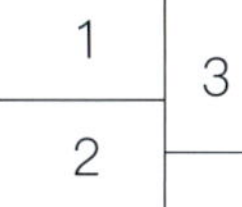

1. 由兰山路向河南路左转的 5 路电车，这里是中国无轨电车距离大海最近的一个拐角
2. 900 号电车于 2023 年 3 月 10 日退役，它是中国最后一辆在城市运行的无辅源电车
3. 2023 年 2 月 12 日，896 号电车驶入广西支路，五天之后胶州路封闭施工，5 路临时改线，896 停用，900 转投 30 路

杨庄煤矿北山宿舍区广场和回车线下的集电杆

杨庄煤矿大门外的电车站和回车线

山东肥矿集团杨庄煤矿位于泰安市肥城正北的牛山脚下。1980 年，杨庄煤矿开始兴建北山新宿舍区。1983 年建成单身宿舍楼 10 栋，可住 3000 多人。1985 年建成家属楼 18 栋，同年，为解决北山新宿舍区到矿厂的通勤问题，杨庄煤矿计划修建无轨电车。1987 年 9 月 20 日，杨庄煤矿通勤无轨电车开通，运行 2 辆上海 SK542 单机电车。电车线路起点位于北山宿舍区中心广场，电车从这里一路下坡，向东南方向行驶 1.76 公里到达厂区大门北侧的回车线。

杨庄煤矿 1991 年增购 1 辆北京 BD562 铰接电车，其余 3 辆上海 SK562 电车购置时间不详。仅从车型和外观分析，1996 年 2 月制造的那辆 16 米前悬开门 SK562GP 传闻是从福州退役的二手车，因为只有福州 51 路使用过这种前悬开门、蓝白色涂装的 3 门 SK562GP，另一辆日常使用的 SK562GP 可能同样来自福州。北山宿舍区南侧的大院里还有 1 辆 SK562GP 常年作为拆件车，这辆车应该是来自上海。杨庄煤矿电车运行三十年只有这 6 辆无轨电车。

杨庄煤矿所在的泰安市位于传统京沪走廊之上，泰安到肥城的交通也较为便利，肥城公交 4 路终点即杨庄矿北山宿舍区广场。2007 年五一长假，我和赵歆、白羽，还有一个不知名的小胖子，4 人成团，首次到访杨庄。京沪高铁开通之后，杨庄矿更成为全国各路交通爱好者热衷的景点。

1998 年 3 月，杨庄煤矿上级单位肥城矿务局改制为肥城矿业集团有限公司。2008 年左右，肥矿集团开始快速扩张，2012 年国家调整能源行业政策，肥矿集团应对不及，负债累累，职工收入失去保障。杨庄矿区的生产生活也受到很大影响，3 辆电车同时满载的情景不再出现。2016 年肥矿集团债务重整，计划降低煤业运营成本。2017 年 4 月，杨庄矿传出电车即将停运的消息，有热心公交迷立即前往探访，发现 BD562 和 16 米的 SK562GP 已在山下厂区封存，只剩 1 辆 SK562GP 维持运营。2018 年 7 月的一天，杨庄矿电车彻底停驶。但是杨庄电车的故事并没有就此结束，3 辆通道电车又饱受六年风雨侵蚀，直至 2024 年 3 月被售出。

2007 年 5 月 2 日，从 11 点 25 分开始，3 辆铰接电车运行 5 个车次完成一轮通勤任务，接送职工约 800 人次

女职工在杨庄矿享受优先乘车待遇，她们在电车站最外侧等候第一辆空放下山的女工专车

杨庄煤矿的 BD562 出厂编号 9101，它在杨庄煤矿运行了二十六年

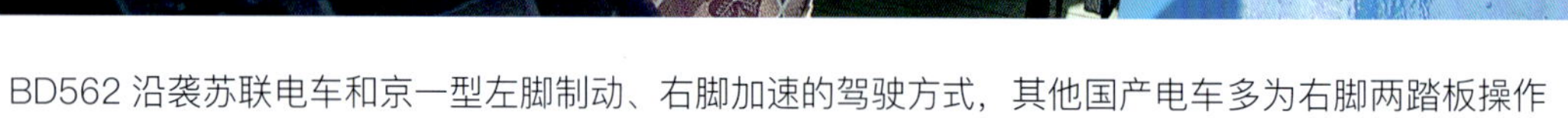

BD562 沿袭苏联电车和京一型左脚制动、右脚加速的驾驶方式，其他国产电车多为右脚两踏板操作

北山宿舍区广场回车线由 8 根钢柱支撑 8 根拉线式悬臂梁

杨庄矿 BD562 的上海 ZQ-90 型直驱电机

只有上海和福州曾经使用过方灯 SK562GP

停放在广场的电车是临时的儿童乐园，广场中心的钢铁八角亭实际是电车的零件仓库

另一辆 SK562GP 备件车

2006 年 7 月 22 日，行驶在乡间道路的 16 米 SK562GP

2012 年 4 月 3 日，我和刘琳再访杨庄矿，当日电车乘客很少，只有 1 辆 SK562GP 正常运行，我们向这位电车司机说明来意，想坐一次北京的电车，老师傅欣然同意，马上给停驶多日的 BD562 打扫卫生，搭上集电杆，准备发车

2015 年 7 月 10 日，穿行在集市中的杨庄电车

锈迹斑斑的电车，寥寥无几的乘客，杨庄矿电车即将曲终人散

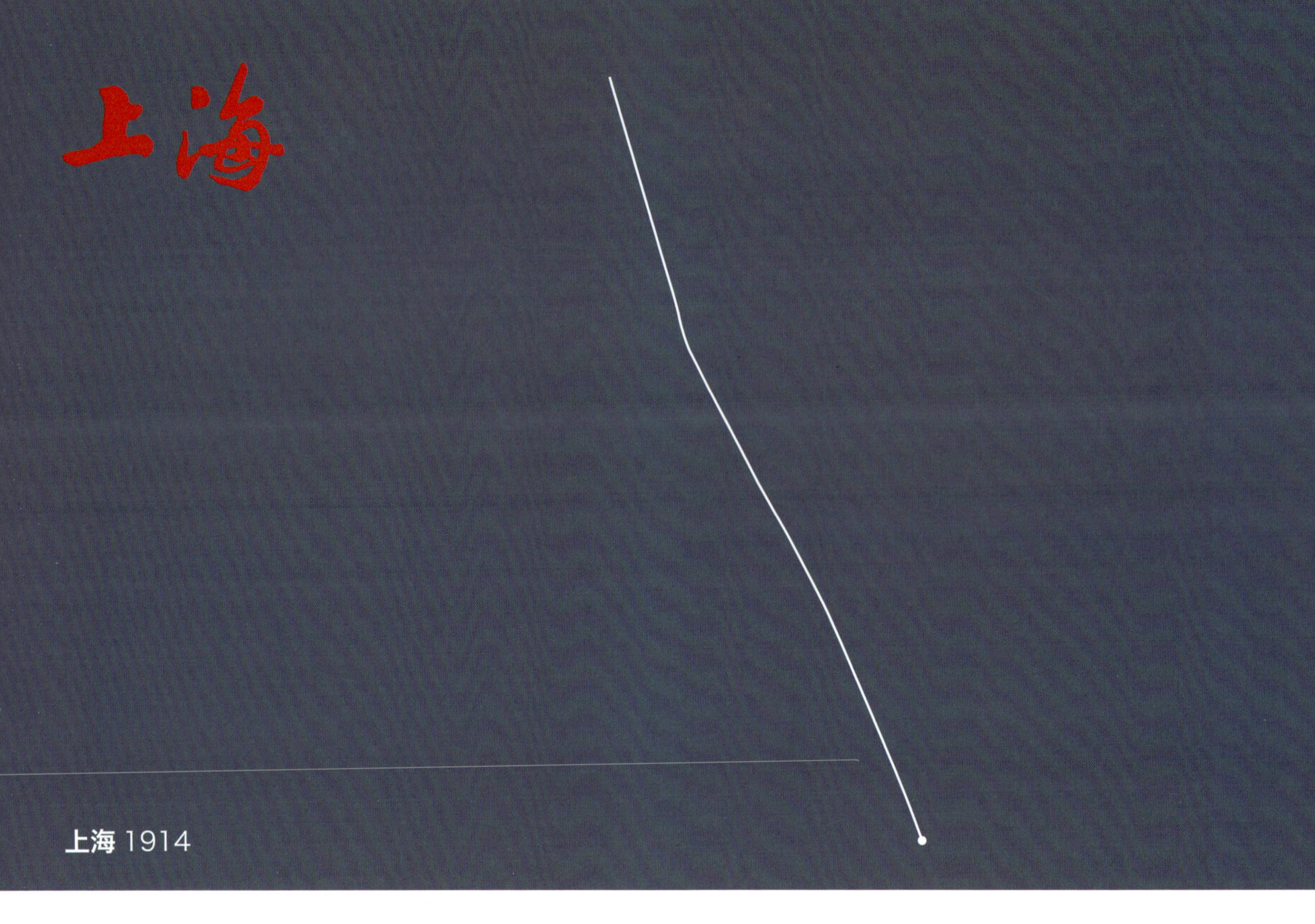

上海是清朝在鸦片战争之后开放的最重要的一个通商港口。清道光二十三年（1843年），英国人根据《虎门条约》的规定租用上海县城北面黄浦江边130亩土地建立领事馆。1845年，上海英国领事又与上海道台订立《上海租地章程》，此“章程”形成了上海租界制度的基础。根据这些不平等条约和“章程”，美国、英国、法国使用欺诈和抢劫的手段，从清朝封建官僚手中取得了在上海建立租界的权利。至20世纪30年代，上海的英美“公共租界”面积已经超过八万亩，法租界扩展到两万亩以上。

租界地实际上是独立于中国法权以外的、由殖民者治理的“国中之国”。公共租界内的外国人根据拥有地产价值和纳税额参加选举，组织市政机关，即工部局，共同管理租界地事务。1920年以后中国人也可以通过相同的方式在租界地居住并参与公共事务。外国殖民者以上海租界地为据点，掌握着中国半殖民地半封建社会的经济命脉，通过剥削中国人民的血汗建立了所谓的“国际冒险家的乐园”。

殖民者按自己的需求在上海租界地建立了一套符合早期工业化标准的城市基础设施。早在1895年就有美国人向公共租界工部局提出兴建有轨电车，1905年3月，工部局为开辟有轨电车招标，由英国布鲁斯·庇波尔公司中标。1905年10月10日，工部局与该公司签订为期35年的专营合约。1906年3月15日，该公司将专营权转让给英商上海电气建设有限公司，4月24日，公共租界有轨电车破土动工。1907年10月，英商上海电车有限公司成立，总部设在伦敦。1908年3月5日，上海第一条有轨电车开通，从静安寺到外滩，全长6.04公里。5月6日，法租界也开通有轨电车，从十六铺至善钟路（常熟路），7月通到徐家汇，全长8.5公里。法租界电灯、电车专营权由比利时国际远东公司于1906年1月以10万法郎购得，法租界当局又将租界电厂以22.5万法郎出售给比方，并且规定必须由法国人经营。1906年7月，上海法商电车电灯公司成立，它与英商电车公司同样都是经营租界地公用事业的垄断公司。

1897年，上海海关道和上海县令奉命拨银4000两，在十六铺老太平码头创建南市电灯厂，沿浦滩新筑马路安装30盏路灯，于农历除夕夜供电亮灯，这是中国人在上海经营的第一座官办电厂。1906年，上海城厢内外总工程局总

董李平书等人发起成立商办内地电灯公司，在南市紫霞路新建发电厂，又将南市电灯厂并入内地电灯公司。1911年初，内地电灯公司因经营不善，聘请上海著名工商业家陆伯鸿担任经理。1912年，南市拆城墙筑路，陆伯鸿集资兴办华商电车公司，最初借紫霞路电灯厂场地试营，购置电车12辆，拖车8辆。华商电车先在南市外马路开行，自十六铺至董家渡设双轨，董家渡至南火车站为单向轨道。1914年与法商电车电灯公司签订合同，在民国路（今人民路）自小东门至老西门各置路轨，相互通行电车，1928年形成环绕上海老城厢的环线，全线双向轨道。

1914年11月15日，英商电车公司在租界地开通第一条无轨电车14路。这条线北起北京路老闸桥，行经福建路到郑家木桥，相当于现在的延安东路福建中路路口，长1.127公里。郑家木桥终点紧邻英、法两租界的分界线洋泾浜河，道路非常狭窄，电车无法调头，因此在终点设置了一个旋转圆盘，电车开上转盘由工人推动调头。上海最早一批无轨电车使用钢制车轮，开行时日不长就轧坏路面，被迫停驶，次年7月恢复，直到1927年上海电车才改用充气橡胶轮胎。一百多年以来，这条线路历经多次变动，最终形成今天的14路电车，并且成为全世界运营时间最长的一条无轨电车。

英商有轨电车最初是敞开式车身，只有车顶和立柱，市民不敢乘坐，还谣传会漏电伤人，英商电车公司只好雇人造势，又发放乘车赠品，这才让民众逐渐接受电车。英商无轨电车在1920年以前略有发展，1924年加速扩建，1926年形成规模，运营7条无轨线路，14、17、18等线路开进法租界，与法商电车联营，这一时期引进的无轨电车开始采用双杆集电。1939年英商、法商又联合开行24路无轨电车，由老西门至纪念塔（长寿路大自鸣钟）。

至1936年，上海英商电车公司经营10条有轨电车，7条无轨电车，总长82.7公里，拥有有轨电车和拖车107辆（对）、无轨电车109辆。法商运营有轨电车7条，其中2条与英商联营，拥有有轨电车63辆、拖车32辆、无轨电车18辆。华商运营有轨电车线路4条、电车54辆、拖车27辆。宏大的电车系统让上海成为民国时期中国最具现代文明气息的城市，电车给近代作家和思想家带来启迪，又不经意间融入他们的作品之中，成为那个时代摩登生活的象征。

14 路无轨电车已经在福建路行驶了一百一十年

在 1937 至 1945 年的沦陷时期，英商、法商、华商三家公司经历了不同的命运。华商电车公司于 1918 年与内地电灯公司合并为上海华商电气股份公司，1937 年 11 月 10 日，南市陷落，日军强占华电，次年 2 月遣散员工。华商电气公司是抗战期间上海损失最严重的民族企业之一，其发电设备被转至华北，所有电车、轨道均被拆除转卖，华商电车就此毁灭殆尽，战后也未能恢复。

日军 1937 年 11 月占领上海，但是并不包括租界地区。公共租界和法租界的电车仍然生意兴隆。1941 年 12 月太平洋战争爆发之后，日军占领了英美公共租界，强制接收所有英美所属产业，把英商电车公司的英国人关进了集中营。1942 年英商电车公司转交汪伪政府，此后规模有所缩减，部分线路停运，直至 1945 年由英国人恢复经营。日本占领公共租界的时候，法国维希政府已经投降德国，算是加入了轴心国一方，日本因此无理由占领上海法租界。二战期间，法商为了满足日方需要，把公司的汽车和各种物资，包括民国路的电车轨道也被拆下，全都低价卖给日方。法商电车虽受很大损失，但也保全了自己，1945 年抗战胜利，法电迅速恢复原有规模，1947 年总资本高达 3.75 亿法郎。

新中国成立之后国家对上海的资本主义工商业进行社会主义改造，收回了被帝国主义长期盘踞的海关，自主管理对外贸易，某些帝国主义国家以此为由对中国进行经济封锁，冻结我国海外财产，人民政府与之进行针锋相对的斗争，将它们在沪企业实行管制、征用。1952 年 11 月 20 日，上海市军管会宣布对英电征用，“英商上海电车有限公司”更名为“上海市电车公司”。1953 年 11 月，法商电车电灯公司也被政府接管，上海电车事业全部收归人民政府，进入全新的发展阶段。

上海电车公司于 1953 年在提篮桥建立了新中国成立后第一座整流站，又从瑞士 BBC 公司引进一套水银整流装置，安装在广东路整流站。7 月 1 日，由上海电车公司自己架设的第一条无轨电车 21 路开通，替代了环城 1 路汽车。旧上海无轨电车以英国产小型电车为主，1951 至 1955 年，上海电车厂利用民国时期进口美国卡车的底盘，改制了

2023 年 7 月 1 日，14 路穿行在浙江路南京东路路口，最新一代上海电车，上汽申沃 SWB5129BEV77G

1000 型 (DODGE T110)、2000 型 (GMC CCKW) 和 3000 型 (Diamond T 968) 无轨电车。1957 年，采用一汽解放 CA10 底盘的上海 4000 型电车诞生，这是上海第一款完全国产化的无轨电车。同时上海开始对旧电车线网进行全面改造，引进瑞士 Kummler+Matter 线网构件技术，大规模应用链式与斜摆两种弹性悬吊。改造后的电车触线额定电压由英制 550V 升级为 600V，电车集电头由铜轮改用石墨滑块。

上海电车厂于 1958 年初试制红旗 5000 型 11 米和 16.5 米大型电车各 1 辆，但未能量产。1959 年成功开发 SKD660 两门铰接电车，在此基础上逐步发展出 SKD663 型 15 米铰接电车（见第 15 页），1963 年开始生产，SKD663 与 SKD644 成为 60 至 70 年代国内无轨电车的主要车型。

基于几十年的运营维保经验和强大的研发能力，上海自然成为中国无轨电车的技术基地。20 世纪 60 至 90 年代，上海制造的无轨电车遍及国内 24 座城市，国产无轨电车配装的电机、可控硅电控、电车驱动桥等一系列核心部件几乎全部来自上海，上海电车公司还在 1976 年出国援建了尼泊尔加德满都无轨电车。1974 年开始生产的新一代 SK561 系列 14 米铰接电车是国内产量最大的无轨电车，同 BD562、SY561 等车型一起成为一个时代的标志。SK561 系列直到 1994 年才停产，它的经久不衰甚至让 1983 年问世的 SK562GP 迟迟不能“接班”，产量远不及 SK561 系列车型。

上海市从 1960 年开始有计划地拆除有轨电车，1975 年 12 月 10 日，有轨电车被公共汽车和无轨电车完全取代。改革开放初期上海电车系统继续扩展，1979 年，上海运营 18 条电车线路，685 辆无轨电车。27 路电车（静安寺—齐齐哈尔路）于 1979 年 12 月 16 日改为 37 路汽车，1982 年 9 月 24 日又改回 27 路电车，当时上海电车已经超过 800 辆。1983 年在虹口和杨浦开行 9 路、8 路电车替代 93 路和 60 路汽车，1985 年又以 6 路电车替代 61 路汽车。1987 年 7 月，内江路电车场建成启用，这是国内首座专供无轨电车使用的双层停车场。根据 1988 年底的统计，上海已有铰接电车 961 辆，1990 年 5 月 1 日，隧道 5 线过黄浦江电车开通，上海无轨电车线路达到 22 条，为历史最大规模。

1999 年 2 月 16 日，长宁路中山公园终点站，20 路的 SK5105GP 和 SK5102GP

2023 年 7 月 2 日，中山公园（万航渡路）终点站

1992 年以后，上海城市建设加速发展，电车系统逐步缩减，27 路于 1992 年 2 月 10 日再次改为 37 路汽车，9 路、12 路、隧道 5 线也先后变为汽车线路。在公交市场化时期，上海电车线路大多配有空调汽车同线运营，铰接电车逐渐更换为 SK5102GP、SK5115GP-3 和 SK5105GP 系列无人售票电车。1994 年，26 路电车因商业冠名而更名为寻呼台号码“国脉 126 路”，2004 年恢复原线路名。

上海客车厂 1999 年开发的 SK5115GP-3 型 11 米双源无轨电车，原本作为上海电车的换代车型，但是这款车运行状态并不理想，上海巴士公司还是优先发展 10 米级电车，遂在 2001 年添置 24 辆 SWB5105GP-3。2002 至 2005 年，149 辆申沃 SWB5105KGP-3 空调电车分批投用，2006 年引进 72 辆被车迷戏称为“笨鸟电车”的杭州先飞 HZG-WG100K 空调电车，以上三款 10 米级电车均无辅源。

2008 年 2 月 29 日 26 路换用汽车之后上海还剩 12 条无轨电车，部分电车线路配车以汽车为主。这一时期随着公交车型的革新和地铁网络的形成，上海无轨电车的去留问题已经成为争议的焦点，有人认为无轨电车已经过时，不适合城市发展，应该淘汰，有人认为电车是上海城市文化不可分割的一部分，应当保留。

2013 年，JNP-WG120G 和 JNP6120BEV1，两个型号共 290 辆青年电车陆续投入运营，10 米级电车于 2016 年全部下线。2023 年青年电车退役，上海还有 14、15、19、20、23、24 路和 71 路 BRT 共 7 条无轨电车，运营电车 232 辆，其中 130 辆是 2023 年投入运营的上汽申沃 SWB5129BEV77G，蓝白色“百年公交”复古主题电车，配装西门子永磁同步电机，100kWh 锂电池。

上海是京津冀以外我到过次数最多的城市，最近十几年每次都有上海朋友带我一起运转，生煎包、小馄饨、鲜肉月饼和无轨电车，都让我对这座城市有了越来越深的认识。上海电车经历了半殖民地半封建社会的租界地时期和新中国社会主义建设时期两个历史阶段，特殊的发展经历使上海电车成为全世界运行时间最长的无轨电车系统。历经百年沧桑，无轨电车已经深植上海文化的血脉之中，成为一笔宝贵的文化遗产。希望上海电车的历史能流传不息，也期待更多人来续写上海电车的精彩华章。

2005 年 2 月 13 日，从闵行路左转上大名路的 22 路，1999 年制造的 SK5105GP

2006 年 8 月 26 日，卢浦大桥总站的 17 路 SK5105GP

2006 年 8 月 26 日，九江路外滩终点站，001 号 SWB5105KGP-3 型空调电车

2014 年 1 月 31 日，由河南路向武进路右转的 6 路 KGP-400

2011 年 7 月 31 日，23 路行驶在金陵中路

25 路平凉路军工路终点站，上海无轨电车线路经常有柴油或纯电动客车混合运营

2011 年 8 月 28 日，老西门站升弓充电的 5115 超级电容快充电车，11 路环行电车于 2006 年变为超级电容试验线路

26 路 2010 年改用申沃 SWB6121SC“洋葱头”超级电容快充电车

2012 年 11 月 28 日，14 路杭州先飞 HZG-WG100K H0A-053 和 25 路 KGP-395 由海宁路转向河南北路

2014 年 5 月 9 日，惠民路

2014 年 7 月 31 日，14 路先飞电车驶过浙江路桥

2012 年 9 月 6 日，长宁路中山公园终点站，电车司机正在更换碳精（集电头滑块）

2014 年 1 月 4 日，九江路外滩

2014 年 8 月 2 日，8 路电车即将停靠松潘路终点站

杨树浦路大连路站

2016 年 1 月 3 日，24 路青年电车由陕西南路转向建国西路

2016 新年彩车

2018 年 5 月 28 日，外滩最后的电车线，20 路由中山东一路右转进九江路

2021 年 12 月 15 日，在 14 路测试的 SWB5129BEV77G 样车驶过浙江路桥

71 路 BRT 无轨电车于 2017 年 2 月 1 日开始运营，线路沿延安路交通走廊开行，采用岛式站台，车上售票

71 路配备 60 辆宇通 ZK5180A 型 18 米电车，28 辆 ZK5120C 型 12 米电车，2023 年增购 15 辆 ZK5125C

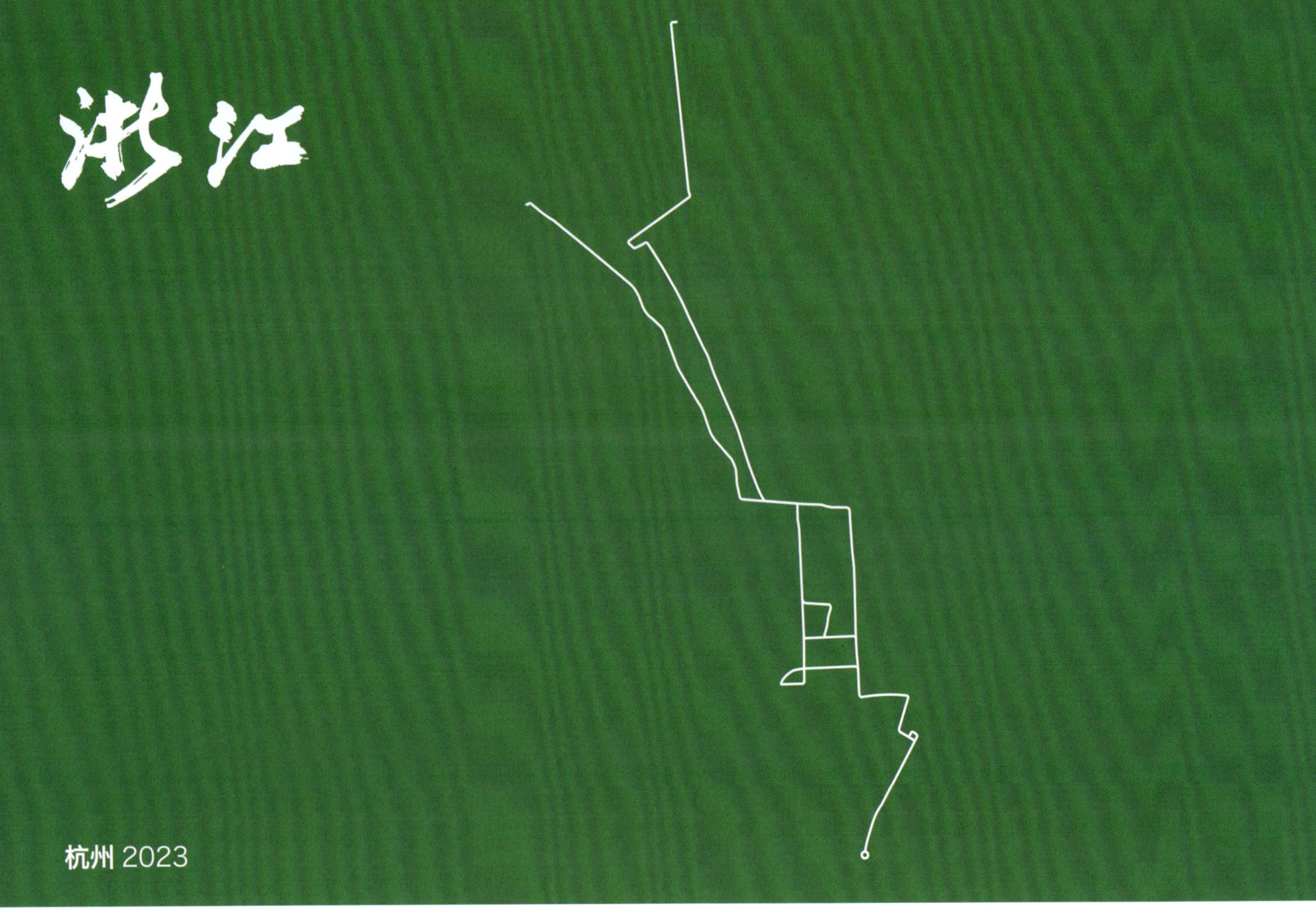

2005年2月10日早7点30分，我乘坐的T31次列车正点到达杭州城站火车站，出站后按照事先指引的路线，右转向北乘坐K156路无轨电车，顺利抵达翠苑四区的亲戚家中。这是我第一次来到杭州，正值大雪，翌日西湖览胜，领略了难得一见的“断桥残雪”。当时正是杭州电车鼎盛时期，有151、152、K155、K156、159、290、K555共7条无轨电车线路。2006年国庆假期再赴杭州，K156已经更换金龙6121G低入口柴油车，152、K155、K555也已撤线或改用汽车。10月5日下午，我在武林广场等K156，没想到等来一辆159路4门SK562GP，惊喜之余立即登车一直坐到府新花园南终点站，留下了这款杭州独有车型的影像。

1959年，杭州无轨电车建设项目获批，杭州公交派出200多人赴上海培训。1960年12月，从拱宸桥到城站火车站的电车线网建设完成。1961年4月26日，在胜利剧院举办了盛大的1路无轨电车开通仪式，上万杭州市民走上延安路和解放路，见证了这一历史时刻。城站至南星桥电车延伸工程于1963年底开工，1964年1月24日，1路电车向南延长3公里至南星桥。1977年以武林门为起点，分别开通到城站的52路和到南星桥的53路电车，同时1路电车更名51路。1982年底，杭州有102辆电车，以SKD663和SK561为主，次年杭州公交修配厂采用常州长江客车底盘开发出HZ561型14米铰接电车。1988年杭州电车路号升级为151~153，同年位于莫干山路北大桥的电车二场建成，为新开155路创造了条件。1989年9月28日155路开通，由和睦新村开往开元路口。

54路环行汽车1982年开通，曾在1985年清泰立交建设期间与52路临时互换配车，改为无轨电车线路。1995年9月，为配合湖墅路改造工程，杭州公交调整多条线路，151缩短至武林门，54路汽车又变为154路环行电车（内环起点武林门，外环艮山电厂）。1998年3月10日，因凤起立交工程，154路撤销，153路改用汽车，又在8月8日撤销。156路电车于1999年4月开通翠苑四区至武林门区段，年底随城站火车站改造完工延伸至城站，156路和1999年9月29日开通的K555路首批配备了杭州公交和长江客车联合开发的CJ-WG110K福莱西宝空调电车。2002年，42辆新一代15米4门铰接电车长江CJ-WG150在151路投用。

2012 年 11 月 26 日，北大桥电车场，长江 CJ-WG110 系列电车采用美国 Flxible Metro 客车造型，共生产 76 辆

受上海电车架线技术的影响，杭州电车线网在弯道和交叉部位采用触线下悬吊扁形排的架设方式

2005 年 2 月 12 日，K156 路翠苑四区终点站，CJ-WG110 加装空调的“福宝”电车

杭州公交路号“K”代表“空调”

城站火车站始发的 151 和 K555 路，长江 CJ-WG150 和 CJ-WG110K 空调电车

2004 年 7 月 17 日，鼓楼中心站，杭州 HZG-D70C 四门通道电车

155 路杭州先飞 HZG-WG110，1994 年生产 30 辆

2006 年 10 月 5 日，159 路、290 路府新花园南终点站

2008 年 9 月 15 日，151 路 CJ-WG150 驶出金刚寺巷

这是唯一一批 4 门 SK562GP，1996 年 3 月制造，共 32 辆

雄镇楼站始发的 290 路 CJ-WG110 非空调车，290 路于 2003 年 2 月 24 日开通，2008 年 9 月改用柴油混动客车

2008 年 9 月 15 日，拱北小区中心站，长江 CJ-WG150K 样车 6-9301 是中国第一辆空调铰接电车

K188 路“电电型动力电车”驶入汽车北站公交车场，此前 188 路还曾试用 1 辆加装辅源的 CJ-WG150

2013 年 5 月 18 日，K155 路青年 JNP6120BEV1 驶入城站火车站（金刚寺巷）终点站

杭州公交还曾在 2000 年 11 月至 2002 年 8 月开行 157 路单向环行电车，走向与原 154 路外环相同，2001 年 9 月 1 日又开通 159 路（文苑路西—武林广场）。2004 年，杭州市计划将无轨电车逐步退出中心城区，2006 年以后又出现过几条存在时间不长或短期使用无轨电车的线路，例如 188、第二代 153、160、1005M 等，这也是杭州公交在电车线网缩减的背景下频繁调整线路的结果。

2012 年，杭州公交引进 30 辆青年 JNP6120BEV1，这是首批采用尼奥普兰 N4516 前脸配“斜头”造型的青年电车，配装 81.8kWh 万向锂电池，可使用充电桩或集电杆“在线充”两种充电方式，理想状态下可以在 151 路脱线行驶一个往返。2013 至 2015 年，杭州陆续购置 3 批锂电池双源电车，其中 50 辆 JNP6120BEV1、35 辆以无轨电车型号命名的 JNP-WG120G，以及 35 辆宇通 ZK6125BEVG10，并且在 2013 年 5 月 10 日恢复了已经撤销七年的 K155 路电车。

美式“福宝”电车与 4 门通道车曾是杭州街头一道独特的风景。2014 年 3 月 22 日，数十位公交迷与媒体共聚北大桥电车场，举办了一场福莱西宝电车退役仪式，大家同乘 6-5722 号“福宝”电车重走 151 路，表达了杭州市民对这款本地专属车型的怀念之情。2015 年冬天，北大桥电车场拆除，150 辆电车失去了专业的停保场站，一部分电车每天下班后和纯电动车一起停放在没有架空线网的车场。

2023 年杭州尚存 151 和 K155 两条电车线路，160 路偶尔使用无轨电车加班，在古荡至沈塘桥之间脱线行驶。江城路雄镇楼环岛回车线于 2023 年 5 月恢复，151 路线网基本完整，K155 路单程需脱线 4~6 公里。在东西走向的环城北路、文一路、文晖路等路段还有一些未利用的架空线网。K155 是杭州唯一保留“K”字的公交路号，它因早先电子路牌显示酷似“KISS”，近年来被打造成一条爱情主题公交线路，为杭州这座中国浪漫之都增添了一张文创名片。

青年电车仪表参数

K155 “新青年” 与 K151 “老福宝” 在湖墅南路并行，K155 路自 2015 年 9 月 22 日起改行莫干山路至武林门

2017 年 12 月 25 日，仅存在两年零一个月的第二代 153 路电车，宇通 ZK6125BEVG10

151 假日线广告宣传车

2023 年 7 月 28 日，台风“杜苏芮”登陆，雄镇楼站调度员冒雨指挥 151 路发车

2018 年 9 月 19 日，武林广场西杭州大剧院始发的 1005M 路无轨电车

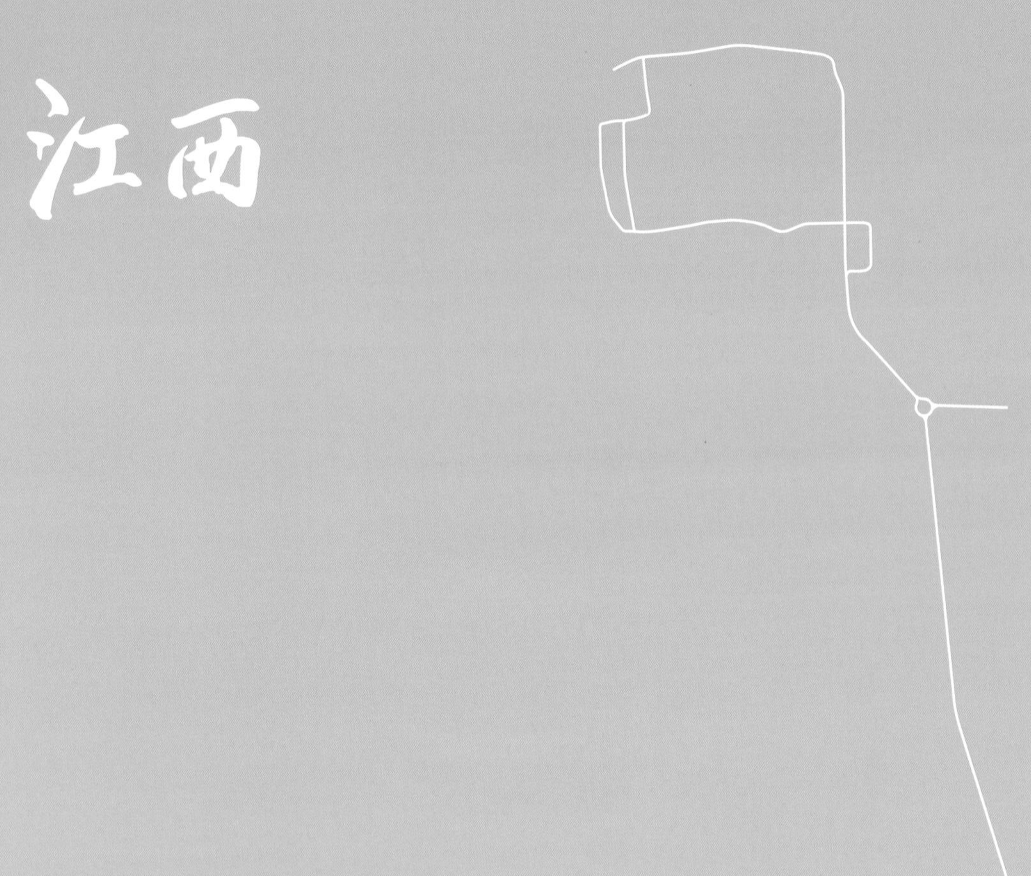

江西省会南昌市在1960年首次筹建无轨电车，同时进行人员培训等准备工作，后因财力物力不足，又逢1962年国民经济调整，致使无轨电车建设项目中止。1970年，南昌再次筹备建设无轨电车。1971年7月1日，南昌第一条无轨电车作为建党五十周年献礼工程建成通车。线路以八一大桥为起点，向南经八一大道、井冈山大道至包家花园，全长9.5公里，使用上海SKD663铰接电车。1976至1978年，南昌公交购置南京ND661电车10辆，1979年增加2辆南昌公交自制的可控硅调速铰接电车。

南昌无轨电车二期工程于1981年底竣工，二期线路沿2路汽车环线敷设，长8.3公里。从南昌火车站出发，过老福山向北，经八一广场、中山路、胜利路、八一桥，再回到南昌火车站，内、外线（环）双向运行，这是当时南昌火车站至南昌老城中心的唯一干线。1982年元旦，2路汽车被2路环行无轨电车取代，配备34辆上海SK561G，1985年增加2辆SK561GF高峰型电车，电车总数达到74辆。

1995年，南昌公交为2路电车更新20辆上海SK562GP和14辆SK5102GP。2001年，购入34辆SK5115GP-3型11米电车，同年11月15日起，因胜利路步行街改造，2路电车内线改行榕门路，外线改走子固路。2004年9月，南昌公交将2路的SK5115GP-3升级为双源电车，供2路内线脱线绕行八一广场。11月16日，2路成为南昌第一条24小时运营的公交线路，此后2路午夜至凌晨班次又命名为302路夜间线。2006年1月1日，1路电车由八一大桥旁的塘子河缩至老福山，站点由18个减少到10个，线路长度只剩4.6公里。两个月后，2路内线全部更换为申沃SWB6105HDP10-3柴油客车，外线仍用电车。南昌的SK562GP服役至2005年底，SK5102GP于2006年11月12日1路“电改汽”同日退役，1路的SK5115GP-3调配给2路外线，直至2009年6月20日南昌无轨电车停驶。

江西省九江市曾经在20世纪80年代规划无轨电车。1986年由南昌市工业交通规划设计研究院完成可行性研究，1989年7月完成一期工程初步设计。九江电车一期工程长9公里，计划沿浔阳路、庐山路、十里大道架设线网，修建一条三里街至十里乡的无轨电车线路。当然这个计划未能实施，江西省始终只有南昌1座电车城市。

2006 年 11 月 11 日，南昌 1 路 SK5115GP-3 驶入包家花园电车场

老福山北站南行的 2 路外线电车

2006 年 11 月 11 日是南昌 1 路电车的最后一天，翌日 1 路南延 3 站并改用汽车

福山立交桥下悬挂的电车提示牌

电视台记者正在包家花园车场进行 1 路电车最后一天的新闻报道

南昌的 SK5102GP 车内

方灯 SK5102GP 是南昌专属车型，以上南昌电车照片全部由王启达拍摄

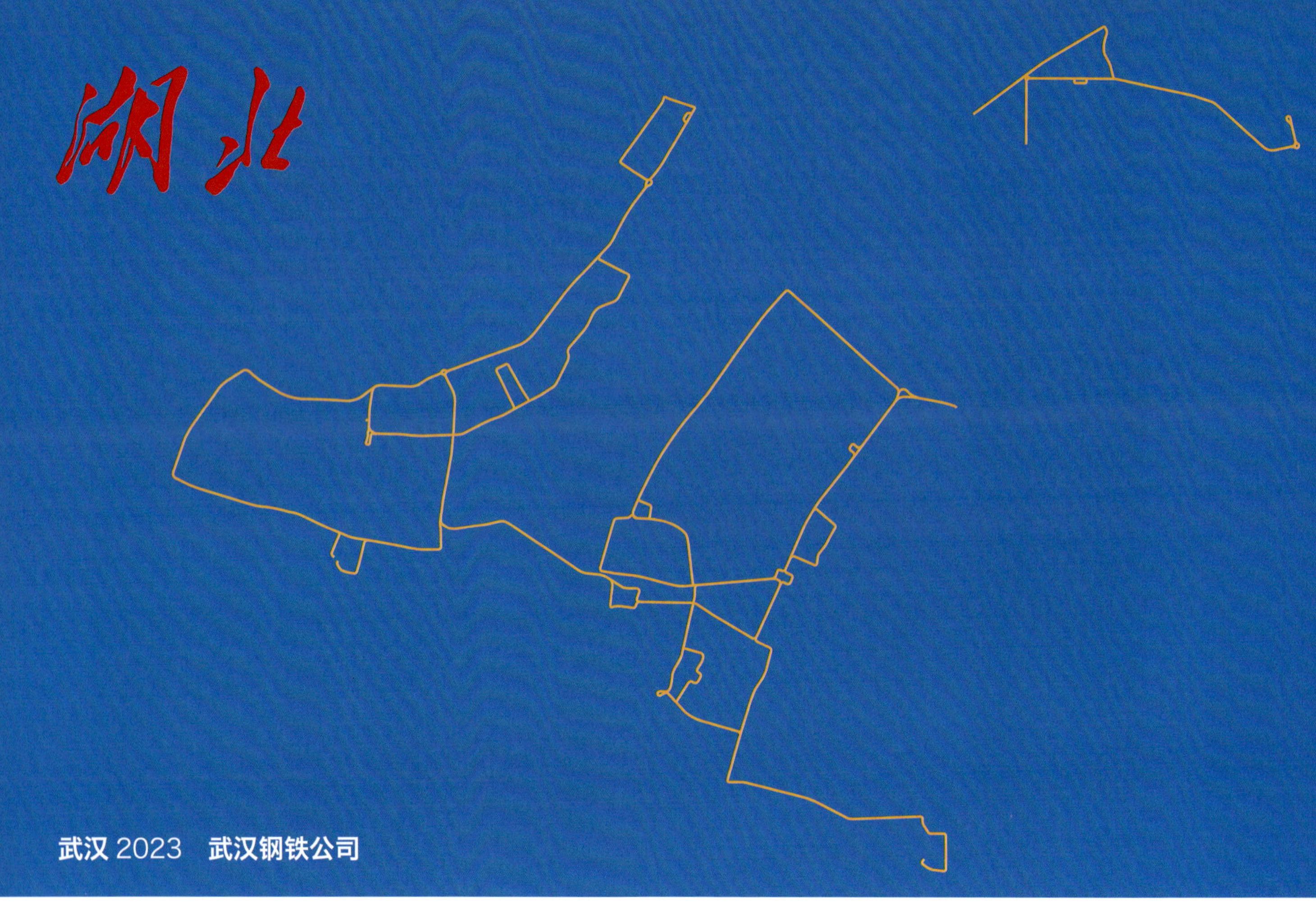

1957年10月15日，武汉长江大桥正式通车，实现了中华民族几千年以来“天堑变通途”的梦想。武汉长江大桥是在中国共产党的领导下，由全国人民支援，经过大桥全体建设者艰苦奋斗，结合苏联专家技术支持而完成的一项伟大工程。武汉长江大桥工程实际是包括汉水铁路桥、汉水公路桥（江汉桥）、10座跨线公路桥，以及12.9公里铁路和4.5公里公路的庞大系统工程。这一系列工程绵延10余公里，建成后在武汉三镇形成了完整的铁路枢纽和公路网络。它不仅打通了北京到广州的铁路动脉，更极大方便了武汉市民的出行。武汉无轨电车与大桥工程同步规划建设，长江大桥建成时，桥面两侧安装的路灯杆就是按照无轨电车架线技术标准设计的。1958年9月20日，武汉电1路通车，由汉口武胜路至武昌大东门，长8公里，配25辆上海4000型电车。这条无轨电车立即成为连接武汉三镇的重要纽带，轮渡再也不是武汉市民过江的唯一选择。

1959年10月，在汉口中山大道开通电2路（硚口—三民路），电1同时延长到三民路。1961年12月28日，又在解放大道开辟电3路（宝丰路—永清街）。1962年电3延长到黄浦路，1964年又延长到江岸车站。1962年12月，电2路改行硚口经六渡桥到黄浦路，全长9.04公里。电1路于1960年4月延伸至水果湖，但因三民路至大东门之间集中了该线65%的客流，又在12月增开三民路—大东门短途区间车。1970年1月，电1短途线延伸至武昌南站（今武昌站），1972年7月调整为硚口至武昌南站的电4路，全长10.1公里。

1982年，武汉电车公司有京一型BK540、BK560、上海SKD663、沈阳SY661、武汉WH651、WH652、WH560等型号无轨电车共198辆，运营电车全部为铰接车型。武汉电车公司于1984年开行电5路环行电车，1985年9月开始建设武昌中北路电车保养场，1986年7月兴建中北路整流站，1986年底全部建成，并在武昌开辟电6路，由武昌南站至水果湖。1987年，车家岭至梨园线网建成，但电6路因故未能向东北延伸，于是在1987年6月开通了武昌火车站至梨园的电8路。同年因硚口总站场地限制，电4与电5外环对调终点，电4路停循礼门，电5路外环以硚口为起点。1991年8月循礼门环岛改造，同时为即将开通的电9路腾出场地，电4路回到硚口，电5路外环撤销。

武汉公用客车厂 1988 年生产的扬子江 WG561 型 15.15 米铰接电车

2020 年 4 月，加装集电杆的扬子江 WG6180BEVHR3 型 18 米纯电动客车正在进行在线充电运行测试

2006 年 11 月 9 日，武昌梅家山，电 6 路扬子江 WG-D100P 型电车

2008 年 10 月 2 日，武昌中北路电车场，下线封存的扬子江 WG-D100P

2010 年 2 月 3 日，电 8 路扬子江 WG-D64UK 空调电车

1985 年 2 月 20 日，新建的武汉动物园正式开园。武汉市规划了动物园到青年路的 7 路无轨电车作为交通配套项目。但是 1987 年古琴台立交桥开工建设，导致汉阳钟家村至江汉一桥区间线网无法施工。1991 年新汉口火车站建成投用，新开汉口站到动物园的 79 路汽车（原 115 路高峰线），这条线路全程覆盖了原电 7 的规划。所以最终电 7 路成为一条过江电车，由武汉动物园至武昌火车站，长 11.6 公里，1992 年 3 月 20 日开始运营。80 年代规划的电 9 路从汉口循礼门至武昌宝通寺，于 1991 年 8 月开通，但因付家坡至宝通寺段未建线网，所以这条“电车”实际由汽车运营，1992 年演变为武汉最早的专线车之一 703 路。

武汉是全国较早推行公共交通市场化改革的城市，1986 年 11 月就开通了首条月票无效的专线车 501 路。90 年代武汉专线公交快速增长，电 5 路内环因沿途线路增加造成客流下滑，于 1994 年 6 月撤线。同期武汉电车线网也在不断扩建，1994 年电 3 延长到二七路，电 6、电 8 南延至梅家山。在公交市场化时期，电车线路降本增效，积极推广无人售票。80 年代末生产的 WG561 铰接电车在 1998 年全部淘汰，WG561 拆下的电机和车桥被用来组装 WG-D100P 型无人售票电车。至 2000 年，武汉电车公司运营 7 条电车线路，无轨电车 236 辆，全部为扬子江单机电车。

在 21 世纪的前十年，武汉电车系统频繁调整。2003 年 7 月解放大道改造，电 3 路（宝丰路—二七路）停运，10 月中山大道改造，电 1 改至硚口，电 2 分段运行（黄浦路—一元路，三民路—硚口码头）。2005 年 1 月电 3 路恢复并南延到硚口码头，2 月江汉桥大修，电 4、电 7 停运，电 1 终点又改到动物园。2006 年受武昌火车站和梅家山立交工程影响，电 4 调整为硚口—车家岭，年末电 6、电 8 停运，2009 年 3 月恢复，电 6、电 8 延伸至津水路。

2009 年 8 月 28 日，5 路环行汽车变身第二代电 5 路，这是武汉十五年来首次新开电车线路，配备 30 辆扬子江 WG6120DHA。然而这批 12 米新电车却是一款计划外的产品，原本武汉公交同扬子江客车准备开发一款 16 米铰接电车 (WG6160DHA)，但是武汉当时运营的黄海和常隆 16 米铰接客车效益并不理想，加之 16 米电车电气成本过高，最终双方还是放弃了这一计划，转而生产 12 米电车，配备湘潭电机厂 ZQ-60 直流电机，华强空调。2009 年 12 月 20 日，电 6 路撤销，武汉电车线路又减少到 7 条。

2010 年，武汉市又将进入新一轮市政建设高潮，当时预计即便采取临时架线、改道等方式，最多也只能维持 4 条电车线路运行。10 月 25 日，武昌起义门改造施工，电 8 再次停运，电 4 调至东湖梨园，2011 年 3 月恢复。为了保全武汉电车系统，武汉电车公司与扬子江客车联合组团，于 2010 年 10 月赴广州考察锂电池无轨电车应用情况。

2008 年 10 月 2 日，水果湖始发的电 1 路，扬子江 WG-D62U

根据考察交流的技术成果，扬子江客车试制了 1 辆锂电池辅源的 WG-D68U(711E236)，配 40kWh 哈尔滨光宇锂电池，空气弹簧悬架，并以此车为基础展开各项试验。

第一阶试验结果表明：1. 锂电池辅源能够满足地铁 4 号线施工期间电 8 路运营需求；2. 传统直流电控与锂电池 BMS 匹配不理想；3. 锂电池价格过高，铅酸电池亦可满足电 8 的脱线需求；4. 空气弹簧悬架确实改善了恶劣路况时的“杆—线”关系，显著降低了脱线故障率。在研发下一代车型的同时，武汉公交又在 2010、2011 年购置 37 辆不带空调的 WG6120DHA 和 10 辆 WG-D68U 空调电车，并且根据试验结果决定在 2012 年采购 24 辆铅酸电池的 WG-D68UD 双源非空调电车。

2012 年，扬子江客车厂积极总结锂电池辅源测试成果，加之在国家“十城千辆”计划的推动下，国产交流传动技术以及整车三电（电机、电池、电控）系统之间的匹配日益成熟，武汉电车公司又与扬子江客车开始了第二轮尝试。这次破天荒地直接参照纯电动标准把电池电量加大到 115~130kWh，开发出 WG6121BEVH(713D237) 和 WG6122BEVH(712D231~235) 共 6 辆样车。

经过在电 7 和电 8 路为期一年的试运行，并对测试结果进行研究之后，2014 年，扬子江客车投产 200 辆 WG6124BEVH 型无轨电车，采用二级踏步，空气悬架，襄樊电机，123kWh 磷酸铁锂电池。这批电车于 2014 至 2015 年陆续投放电 5、电 7、电 8、530、557 等线路，并有部分车辆作为机动车调拨到其他电车线以应对市政施工导致的线网停用状况。这其中电 5 路于 2011 年停运，2014 年恢复运营时，全程 17 公里有近 70% 路段仍因施工而不能架设线网，这也体现了锂电池无轨电车大电量配置的前瞻性。

530 路改用电车是武汉公交的一个重要尝试，原 530 路汽车全程有近一半路段都有电车线网覆盖，包括民主路临时增设的线网。并且由于当时市政施工频繁改线，又使线网覆盖范围有所增加，而如何在电车线路恢复正常运行之后，提高这些新增线网的利用率，还不能与现有电车线路重复，就成为了一个新的课题。于是 530 路这个几乎等同于“在线充”样板的线路就理所当然地成为了武汉“汽改电”的标杆工程，而且就其近十年的运行状态来看，这一项目还是非常成功的。530 的成功也反衬了 557 的失败，当然 557 的主要问题还是线路的走向，而非电车模式。

可以说“在线充”电车最大的作用，就是在那个关注武汉电车命运的人们心中的“至暗时刻”，让这个电车系统暂时得以保全。但是“成也萧何，败也萧何”，由于公交运营方面对“在线充”方案的评估过于乐观，直接导致

电车司机利用停站时间在车上吃午饭，刚上线的新电车尚未在车前悬挂“长江一桥通行证”

中山大道线网的拆除，造成了武汉电车线网的最大缺失，武汉电车线网里程自建成以来首次减少。

经历了557的失败和新能源汽车补贴政策的调整之后，武汉公交六年未再购置新电车也未再开设新电车线路，只是在现有条件下对线路进行优化。例如电8路2016年离开大东门、中山路，改走丁字桥路、雄楚大道前往武昌站；电4路从2022年1月30日起不再过江去汉口，转而开进南湖地区；电1路自2023年1月20日起告别行驶了六十三年的三民路，改道友谊路、前进一路单向行驶。

200辆WG6124BEVH即将在2024年走完其生命的最后一程，整个中国公交行业也在这十几年里发生了翻天覆地的变化。回望这款电车的诞生过程，其代表的是当年公交行业不怕困难，勇于探索，全心全意为群众服务的一种精神，然而在整个行业失去锐气，甘于“躺平”的当下，还会有这样一款车型的生存空间吗？

从严格意义上来讲，扬子江WG6124BEVH还不能算真正的在线充电式电动车。受制于当时的技术条件，这款车仍然是双源无轨电车技术的延伸。于是扬子江客车又在2015年开启了以大功率隔离电源为核心的第三阶段技术攻关。通过隔离电源将线网与车载高压电路隔离，提高了车辆的绝缘安全性能，使整车三电系统选型摆脱了无轨电车技术标准的桎梏，技术配置全面向纯电动车靠拢，大幅提高了驱动系统的效率和整车可靠性。WG6100BEVHM3型10.5米“在线充”电车和武汉BRT的WG6180BEVHR3型18米纯电动客车都是这一阶段的研发成果。

2016年，摩洛哥马拉喀什正在筹办第22届联合国气候变化大会，并准备建立一个新能源公交项目。扬子江客车在与海外供应商的合作过程中了解到相关信息，遂主动推介自主研发的“在线充”电车，同时针对马拉喀什市的需求，提供了包含线路配车、运营及线网设计的一揽子方案，结果顺利拿下35辆电车的订单(15辆12米、20辆18米)，并且在2016年10月就交付了首批10辆WG6120BEVHR电车，可惜后续订单由于扬子江客车经营陷入困难无力执行。

——以上内容由武汉电车发展亲历者讲述。

2023年武汉运行电1～电5、电7、电8和530共8条电车线路，2023年12月16日，电7路调整为599路电车，由武汉动物园至洪山区白沙二路。

今天的武汉是一座现代化的国家中心城市，基础设施建设日新月异，至2023年已建成11座跨长江公路、铁路大桥，4条过江地铁，2条长江隧道。已经六十六岁的武汉无轨电车，汇集工业、人文、历史各种文化基因，未来还将与武汉市民共同前行，完成好自己的初心使命。

1. 2008 年 10 月 3 日，电 1 路扬子江 WG-D68USW 驶下长江大桥匝道
2. 2014 年 2 月 4 日，洪山广场，2005 款 WG-D68UYW 空调电车，在侧窗上写明“豪华电车票价 2 元，月票加 1 元”
3. 2023 年 10 月 26 日，电 1 路扬子江 WG6124BEVH 驶向武昌方向

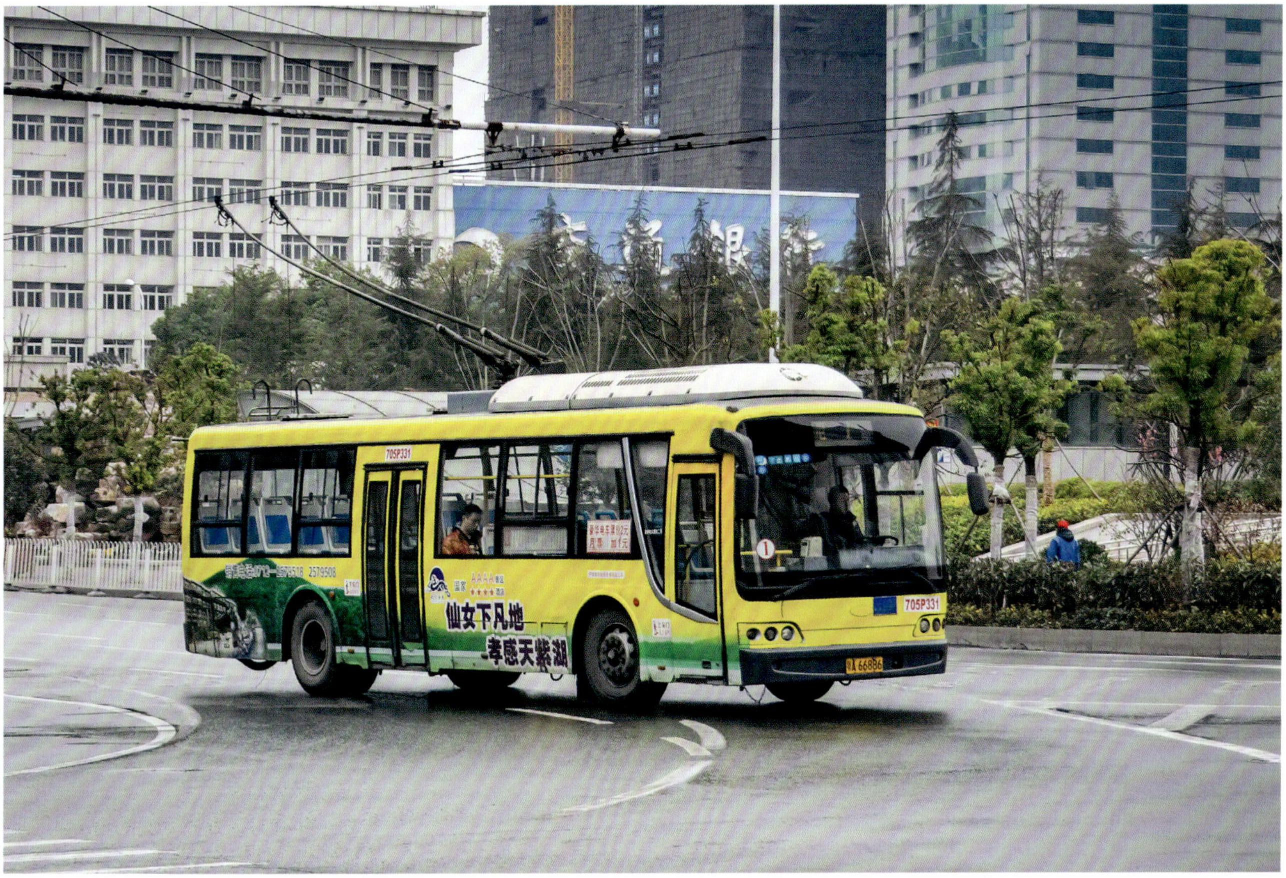
705P331
仙女下凡地
孝感天紫湖

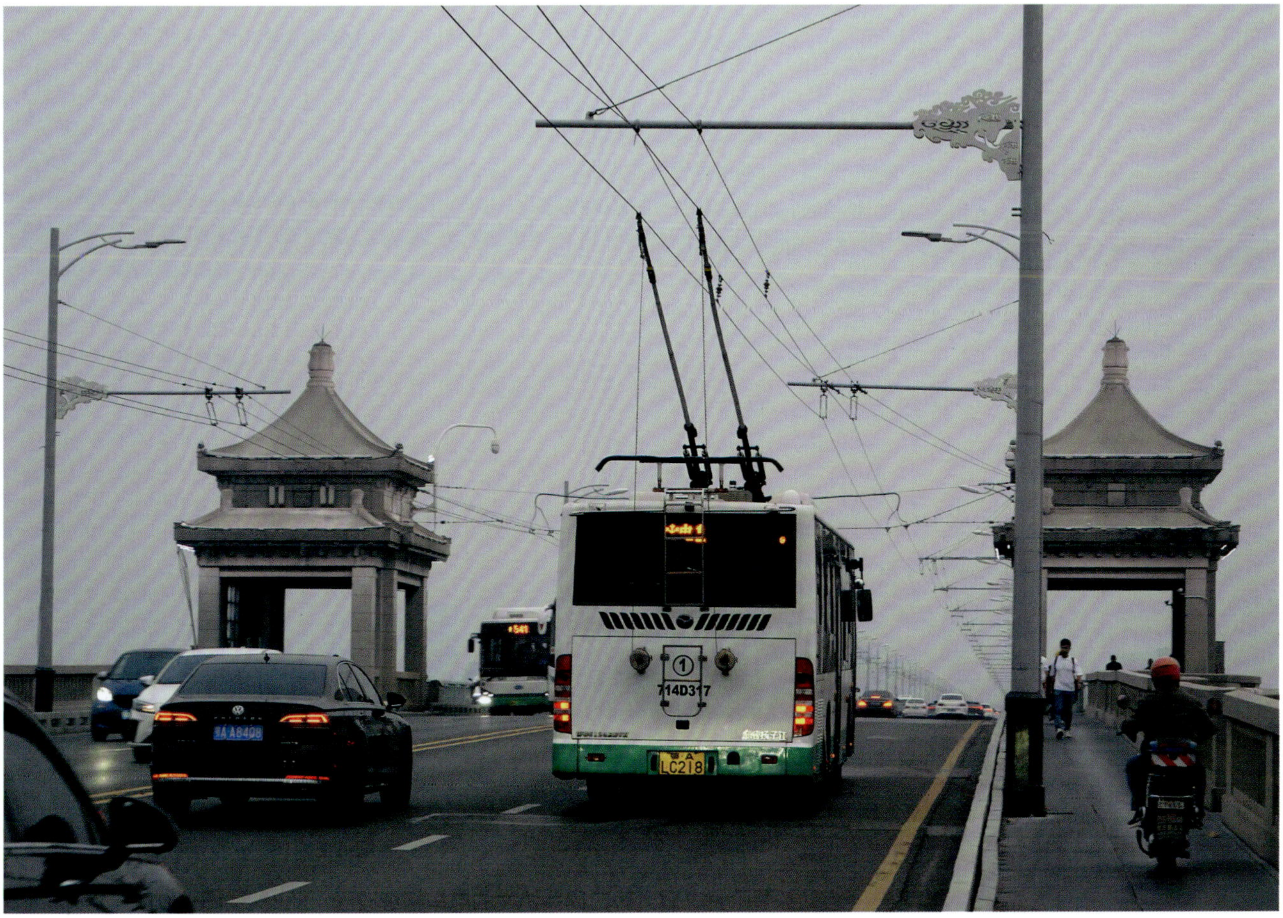
714D317
LC218

2008 年 10 月 2 日，电 2 路 WG-D65UY 谨慎驶出月湖桥下尽头线，司机需在此停车，把集电杆换到正线发车

2016 年 8 月 1 日，月湖桥扩建工程已经启动，两个月之后，硚口码头始发的电车相继改线，此处引桥于 2017 年拆除重建

硚口路中山大道路口独特的交叉线网，电 3 路从最右侧穿过电 2、电 4 路触线继续北行

2010 年 2 月 3 日，三民路回车线调头的 WG6120DHA 空调车

2021 年 3 月 30 日，电 3 路在新月湖桥下调头，去硚口路中山大道站发车

2014 年 2 月 4 日，动物园总站，“武汉特色全国首创”WG6122BEVH 样车之一，配襄樊电机，万向磷酸铁锂电池

WG6124BEVH，557 路环行电车 2015 年 12 月 18 日开通，2016 年 12 月 21 日撤销

2023 年 10 月 25 日，中山大道前进五路，电 2 路 2018 年改用纯电动车，2021 年更换宇通 ZK5105C 电车

扬子江 WG6120BEVHR 样车

1977 年，武钢厂前广场，京一型 BK541 和上海 SKD644 电车

武汉钢铁公司是新中国成立之后建立的第一个规模宏大的钢铁联合企业，也是苏联援建的“156 项”重点建设项目之一。1954 年 5 月，国家计委和建委批准以长江南岸的青山镇为厂址建设武汉钢铁公司。1955 年 10 月，武钢厂区建设工程破土动工，1958 年 9 月炼铁厂一号高炉提前建成出铁，1960 年 10 月，武钢基本完成年产钢 150 万吨的第一期工程。

与武钢建设同时发展的还有不断增长的生活配套设施，以及随之带来的大规模职工通勤需求。1957 年 8 月，武钢职工开始乘坐八大家至胡家山的火车通勤。1961 年 11 月 11 日，武钢成立电车公司筹备处，计划投资 200 万元开辟 2 条无轨电车线路，但其中一条任家路至工人村的线路未能通过审批。1962 年 10 月，中国第一条工厂通勤无轨电车、武钢厂前广场到蒋家墩红钢城的线路开通运行，线路长 5.5 公里，使用 3 辆武汉公交支援的二手电车。

1970 年 7 月 1 日，电车线路由红钢城延伸至武汉钢铁学院。1973 年又在冶金大道武钢医院以西架设线网，开行 2 路电车，同时电车线网从厂前广场环岛向北延长 460 米至十九号门，并在此建立回车线和调度室。

20 世纪 80 年代中期，武钢交运公司电车队拥有 49 辆无轨电车，包括京一型 BK541、沈阳 SY561、武汉 WG561 等多个型号。1987 年 7 月，武钢 2 路电车延长到钢花新村一一六路，全长 7.5 公里，共设 10 站；1 路电车从武钢十九号门至武钢学院，长 9 公里。

2004 年我通过网上公交论坛才知道武钢还有两条自营的无轨电车，只见过武汉网友发布的一些照片，没来得及前去考察。2005 年 3 月，武钢电车停驶封存，2006 年拆除线网。武汉钢铁公司通勤电车运行了四十三年，为武钢建设做出了巨大贡献，也见证了中国现代工业文明的发展。

广州在 1915 年就曾为开办电车进行招商，但未能成功。1919 年，美国华侨伍学焜、伍籍磐等人筹资成立“广州电车股份公司”，伍学焜任总经理，伍籍磐负责具体运作。这家“广州电车公司”以 180 万港币从市政公所取得电车经营专利权，又经过长期考察、筹款，终于在 1928 年以广九火车站为起点铺设了一段电车轨道，线路沿越秀南路、万福路、泰康路至一德路。然而广州政府又以拆城修路为由向该公司借款 40 万元，同时从国外购买的电车也迟迟不能到货，致使有轨电车未能实现运营，1931 年“广州电车公司”破产。1937 年，广州市又要筹建无轨电车，因日军全面侵华而中止，之前铺设的电车轨道在 1945 年被日伪政府拆除。

1926 年 8 月，时任汕头市市长范其务积极推动汕头市政建设，拟在市区开行无轨电车，由市政厅出台《承办无轨电车应守规则》和《投承汕头市无轨电车简章》，公开招标电车经营权。郭桂有经营的汕头鮀江无轨电车公司中标，在崎碌到火车站之间运营 6 辆小型无轨电车。汕头无轨电车不设站点，途中随意上下，每人次收费 1 毫。这个中国第二座无轨电车系统因经营不利，大致在 1930 年停用。

1956 年 11 月，广州市人民政府成立无轨电车筹备委员会。1959 年基本确定先期建设由农林下路向西经中山四路、中山五路到解放北路越秀公园的电车线网，全长 5.3 公里，1960 年 6 月 15 日动工，9 月 30 日，由大东门至越秀公园一段首先开通，11 月 13 日全线竣工通车，运行 10 辆上海 SKD644 电车。1960 年 12 月开始架设解放路到文化公园线网，1961 年 9 月 29 日开通 2 路电车，由农林下路至文化公园，长 6.8 公里。1964 年 9 月 5 日，在已有线网基础上开行 3 路电车，同时将电车线网从人民路向西延伸到南岸路保修厂，1966 年 4 月 29 日开通中山八路到大东门的 4 路。

1961 年广州引进 3 辆 SKD663 铰接电车，又陆续购入京一型 BK541、BK560 等车型。广州电车公司修理厂使用广州客车厂制造的 GZ642、GZ660 等客车车身，配装上海电机，自制“广州”牌无轨电车。广州公交曾在 60 年代为单卡（单机）公共汽车、电车加挂小型拖车，增加运力。1972 年试验“小改大”，将 SKD644 改装为 14.5 米铰接电车，至 1974 年完成 20 辆，1975 年不再使用拖挂车厢。70 年代末，广州电车公司还设计生产了 GD660、GD661 型铰接电车。

2006 年 1 月 1 日，中山八路总站，广州骏威 GZ5101 双源空调电车

海印桥下 101、104 路总站，两代 SK5105GP

骏威 GZ5110 低入口无轨电车，绰号“变形金刚”

1976 年底，停滞十年的广州无轨电车建设再次启动，在广州起义路、沿江路架设 3.9 公里线网，1978 年 10 月建成，4 路电车调整为中山八路至大沙头。1982 年 1 月 22 日开辟白云路至中山七路高基的 5 路电车，年末在册无轨电车 94 辆。1984 年 8 月 14 日，开行东山到高基的“区间”线(107)、次年开行 2 路辅线(东山—文化公园，后改 106 路)。1986 年 12 月 28 日，广州电车线路统一更名为 101~107 路。1987 年 105 路因修路停驶。

广州地处珠江三角洲的核心，两千多年来一直是中国重要的对外贸易港口。20 世纪 80 年代，广州成为对外开放的前沿城市、经济体制改革的先行地区。广州的公共交通市场化改革也走在全国的前列，早在 1984 年就开通了全国第一批月票无效的专线车线路，80 年代末已有 50 多条专线公交。广州的公交发展模式既缓解了政府资金困难，又满足了城市快速发展带来的公交出行需求。90 年代广州市加大公共交通投入，采取多渠道融资方式，促进公共交通经营向多元化发展。

推行无人售票是公交经营改革的重要标志，广州公交 1992 年开始将铰接式公共汽车、电车改装成只保留前、中门的两门铰接车，又将一部分 SK561G 改为前悬开门的单机电车。1993 年 9 月，广州电车公司为 257 号 GZ644 电车加装铅酸电池辅源，在海印桥上脱线行驶测试成功，1997 年 10 月 107 路率先使用双源电车。同时期广州电车公司还使用广州客车厂 GZK6100 车身，装配了 46 辆广客电车。1997 年 9 月，首批上海 SK5105GP 新型电车运抵广州，12 月 30 日，广州公交淘汰了所有铰接客车，只保留 D1-126 号 SK561G 作为公共交通历史遗迹，保存在越秀山广州博物馆。

岭南地区气候湿热，对空调公交车有较大需求。1993 年，广州一汽公司接收 30 辆美国匹兹堡的二手尼奥普兰 AN440 客车，开通广州第一条空调专线 202 路。1994 年 8 月，广州又开通中国第一条空调无轨电车专线 128 路，由东山到机场路，使用 15 辆北京华宇 BJD542 和 10 辆广州 GZK6100 空调电车，这两款车均由广州电车公司自行加装空调等电气设备。1995 年 1 月，128 路因地铁工程改线，变为 103A 线。

2007 年投用的广通 GTQ5110DGJ3，因夸张的涂装设计被巴迷以当时热映电影命名为“春田花花”

与国内大部分城市在市场经济大潮中放弃无轨电车的做法不同，广州电车逆流而上，反而以市场化改革为机遇，通过正向的经营方式，成为 90 年代国内唯一得到较大发展的电车系统。1997 年，为了改善市区日益严重的汽车排放污染，广州市政府决定发展绿色交通，无轨电车首当其冲。同年 5 月发布《广州市电车发展规划》，广州电车迎来跨越式发展。1998 至 2000 年，广州市新建电车线网 33.8 公里，无轨电车触线总长增长到 93 公里（单向）。环市中路、荔湾路、东风西路、黄沙大道等路段都在这一时期架设起电车线网。

1999 年 8 月 3 日，广州电车新发展阶段的第一条线路——108 路（东山—机场路）开通。2000 年 9 月又开通 109（永福路—中山八路）和 110 路（解放南路—永福路），以上 3 条线路和 1998 年 11 月重新开行的 105 路（机场路—中山八路）均按专线车运营，月票无效，票价 1 元。

1999 年广州运营电车 168 辆，主要车型有上海 SK5105GP 和广州 GZK6100，还有一款车身中部开门不带空调的华宇 BJD542，以及少量 SK561G“大改小”单机电车。

2000 年，广州公交引进 60 辆上海 SK5105GP-1 双源电车，次年又分两批引进 50 辆 SWB5105GP-1 双源电车，并于 11 月 8 日开辟 111 路（沙河—黄石路口）。广州电车线路不断发展，也带动了新型无轨电车的研发。2002 年 5 至 8 月，广州电车公司与珠江客车厂联合试制 GZ5101 型双源空调电车。这款车采用二级踏步底盘，动力仍为上海 ZQ-60 直流电机，配套加装一级减速器的东风 153 驱动桥。首辆样车 D1-300 试运行成功之后，当年批量生产 50 辆，全部投放 2003 年开通的 112、113、114 路，2004 年又增购 32 辆。

广州电车公司在 2007 年联合珠海广通和珠江客车开发了两款“典雅之星”11 米低入口双源空调电车，即 21 辆广通 GTQ5110DGJ3 和 30 辆骏威 GZ5110。这两款电车造型新颖别致，为低谷中的国产电车带来了希望。2010 年 9 月，第三款广州专属造型的无轨电车，35 辆宇通 ZK6120EGQAA 陆续上线。这是中国第一款量产的锂电池双源无轨电车，它犀利的造型极具个性，被广州巴迷称为“电鲨”。至 2013 年，共有 5 个型号 191 辆宇通“电鲨”交付广州公交。

东山总站今昔，2005、2007 与 2023

新型锂电池无轨电车分批投用，让广州电车在触线网络未增长的条件下，将运营线路扩展到珠江新城和珠江南岸。中山八路、机场路等公交总站即便拆除了线网也未能影响电车运营。2012 年 7 月 13 日，广州公交使用锂电池电车，开通了夜班电车夜 78 路，往返无线网路段长达 8 公里。

2013 年 10 月 22 日晚，近百名公交爱好者赶赴黄石路总站，向广州最后的“热狗”（无空调）电车作别。电车公司特地派出整修一新的 D1–288 号申沃 SWB5105GP–1 担当 111 路末班。在完成最后一班任务之后，D1–288 作为广州公交历史车型被保存下来。2023 年 D1–288 又被布置成“穿越号”广州电车历史文化展车，在团一大广场长期展陈。

广州公交从 2014 至 2020 年分三批共引进 165 辆福田 BJ5120A，全部由福田汽车佛山南海工厂生产，另外还有 36 辆宇通 ZK5125D 和 1 辆 ZK5125A 样车，2013 年 10 月生产的最后一批“电鲨”ZK5120A1 至 2023 年末仍有 40 多辆正常运行。2023 年 2 月 26 日，111 路撤销，广州电车线路减少到 14 条，线路总长 186.2 公里。其中 107 路由纯电动双层客车和无轨电车混合运营。在纯电动公交普及率极高的广州，无轨电车系统未来可能面临电车减少和线路撤并。

广州所在的岭南地区有着特殊的自然地理条件，自古以来就有别于内地封闭、单一的农业社会，商品经济在这里较早地得以发展。广州又通过长期与海外的经济联系和文化交往，形成了真正开放、包容的文化环境。极具特色的城市文化与城市建设互相促进，不仅造就了广州无轨电车独特的发展道路，更形成了内地少有的公共交通文化氛围，这也是当代广州自然生长的文化元素。

2005 年 11 月 22 日，原色涂装的第一代 GZ5101 空调电车

2007 年 12 月 23 日，文化公园总站

GZK6100 电车在教练车岗位发挥余热

广州电车公司改装的 SK5105GP 空调电车

2016 年 7 月 27 日，103 路广通 GTQ5110DGJ3 驶出机场路总站

改装成教练电车的 SWB5105GP-1

2011 年 9 月 25 日，中山八路“王炸组合”

越秀山广州博物馆镇海楼下保存的上海 SK561G

2023 年 1 月 7 日早 8 点 23 分，在人民南路拍“电鲨”，遇到司机友好回应

2023 年 12 月 14 日，中山四路

2017 年 12 月 29 日，大南路，2014 款福田 BJ5120A

2019 年上线的宇通 ZK5125D，广州无轨电车从这批车开始使用“蒙德里安”标准涂装

中山八路总站，宇通 ZK5125A 样车

2023 年 12 月 14 日，文化公园总站

香港

香港电车 2023

1840 年 6 月，英国发动侵略中国的第一次鸦片战争，开启了中国近代历史。1842 年 8 月 29 日，清朝政府在英国军舰上签订了中国近代史上第一个不平等条约——中英《南京条约》，香港岛由此沦为英国殖民地，直至 1997 年 7 月 1 日中国政府对香港恢复行使主权。

1882 年，港英当局发布《有轨电车条例》初稿，规划了包括山顶缆车在内的 6 条线路。在 19 世纪的最后几年，香港岛人口快速增长，有轨电车建设需求更为迫切。1902 年，“香港电线车有限公司”在伦敦成立，1902 年底归香港电车局管辖。1903 年 9 月开始修建由跑马地经铜锣湾至筲箕湾的单向轨道，轨距 1067 毫米。1904 年 7 月 30 日，香港电车开始运营。首批运行 26 辆电车，其中 10 辆为封闭车厢的一等车，有 32 个座位，其余 16 辆是长凳座位的三等车，可以坐 48 人，先期设想的二等车并未实施。

香港电车公司 1912 年启用双层电车，最初的 10 辆车只是在单层车的车顶上加装简易的围栏和座位，1913 年出现安装帆布雨棚的双层电车，这些车 1923 年开始在上层加装木制车顶。1941 年日本占领香港，电车运营遭到破坏，1945 年日本战败时，香港岛仅有 15 辆电车运行。此后电车运营逐步恢复，并于 1949 年启用自行设计的双层电车。

双层有轨电车是香港独具魅力的城市文化景观，现在香港拥有全世界数量最多的双层电车，电车线路总长 30 公里，运营 6 条线路。香港双层有轨电车全部采用两轴底盘、单杆集电器，单向回车道循环行驶。2009 年改制之后的车辆采用 VVVF 调速、橡胶悬架和铝制车身，运营电车只有 88 号装有空调，还有 4 辆可供私人或团体租赁的游览电车。当今的香港电车和屯门元朗轻铁都可以视为公共交通与城市和谐发展的典范，其成功经验值得全世界城市借鉴。

1999 年 3 月，香港城巴公司宣布投资 500 万港元，开启无轨电车试验项目。城巴先请北京电车公司在黄竹坑车场协助建立 300 米无轨电车线网，又将 1994 年制造的 701 号丹尼斯巨龙 (Dennis Dragon)10.3 米三轴双层客车改装为柴电双源无轨电车。在这辆车车顶安装一套瑞士 Kummler+Matter 气动升降集电杆，动力总成换装为 1 台 180kW 意大利安萨尔多交流电动机，配装 1 套 100kW 德国 Fischer Panda 柴油发电机组为电车脱线行驶提供电力。

2002 年 3 月，城巴双源无轨电车由拖车牵引至湾仔会展中心，参加香港环保署主办的“清新空气”展览会

香港轻铁采用每节 20 米长的高地板有轨电车，单向驾驶室，左侧开门，可重联运行

城巴无轨电车试验项目的目标就是要降低汽车排放污染，提高香港空气质量。如果测试成功，城巴可能将旗下更多的高排放柴油双层巴士改装成无轨电车。在试验项目进行之前，香港立法会交通事务委员会先行开展了“香港引进无轨电车系统的可行性研究”，从技术、财务、安全、污染物降低水平、法律、可持续性等多个方面深入分析了在香港建立无轨电车的可行性，最终结论是，香港不宜新建无轨电车系统。

研究报告主要反映了以下一些问题。首先，香港立法会对基础设施建设投资有严格的财务审查制度。香港又是全球少有的没有公营公共汽车的城市，政府依据《公共巴士服务条例》授权私营公司经营公共巴士，并依此条例严格监管私营公共巴士服务，管制专营公司利润，以保障公众利益，同时保护专营公司免受竞争威胁。在对三个区域的无轨电车建设、经营进行财务评估之后发现，无轨电车建设投资比同等规模的柴油双层巴士高出 80%~213%，车费定价需比柴油巴士高 24%~65% 才能达到 13% 内部回报率，这一定价与柴油巴士相比恐难有竞争力。此外香港的电价相对较高，政府可能还要为无轨电车额外支出电价补贴。

在环保评估方面，当时香港已经推行使用低硫柴油的欧盟三号排放标准双层巴士，如果以无轨电车替代部分柴油巴士，到 2011 年，其污染物减排能力相比欧三柴油巴士优势很小。此外香港高楼林立，某些区域高层建筑密度极高，如果建立大规模无轨电车触线网络，不但增加了安全隐患，而且一旦发生火灾或交通事故，还会影响消防救援。

城巴无轨电车测试从 2001 年 6 月开始，至 12 月结束。2002 年 2 月，城巴曾计划向政府进一步申请在部分公共道路进行无轨电车测试，不过基于事先的评估和研究，政府没有批准城巴继续试验无轨电车的计划。此前改装的那辆双层无轨电车停放在黄竹坑车场，2010 年移至火炭车场，2014 年拆解。香港无轨电车未获成功的案例，也为 21 世纪城市交通发展带来了新的启示。

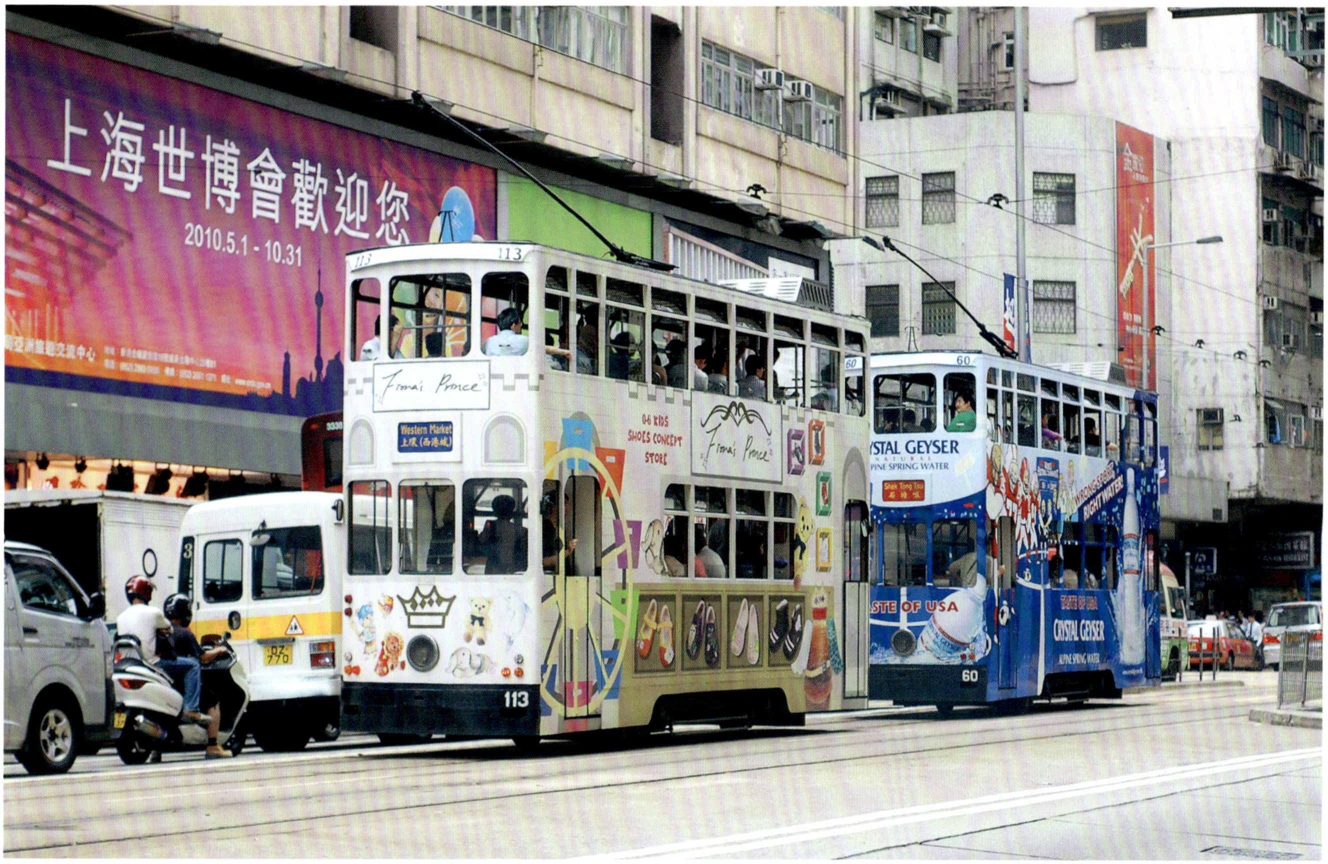
上海世博會歡迎您
2010.5.1 - 10.31
Western Market
113
60
TASTE OF USA

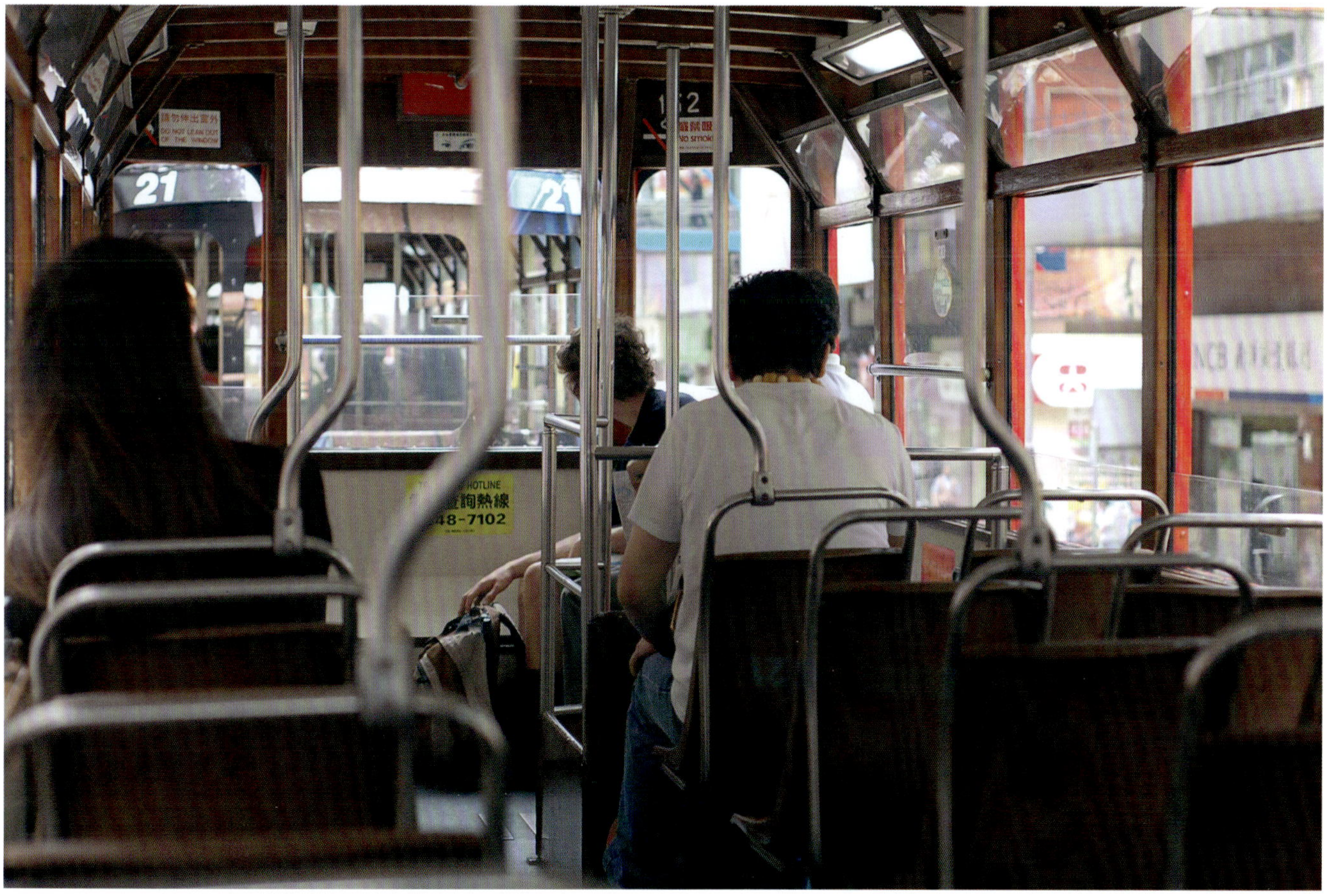
21

18 号高级租赁专车配有空调和厕所

2021 年 7 月，88 号空调电车喷涂彩通颜色系统创建的“香港电车绿”专色

正在进行庆祝香港回归二十五周年巡游活动的 28 号和 128 号敞篷电车

68 号敞篷观光电车

北京

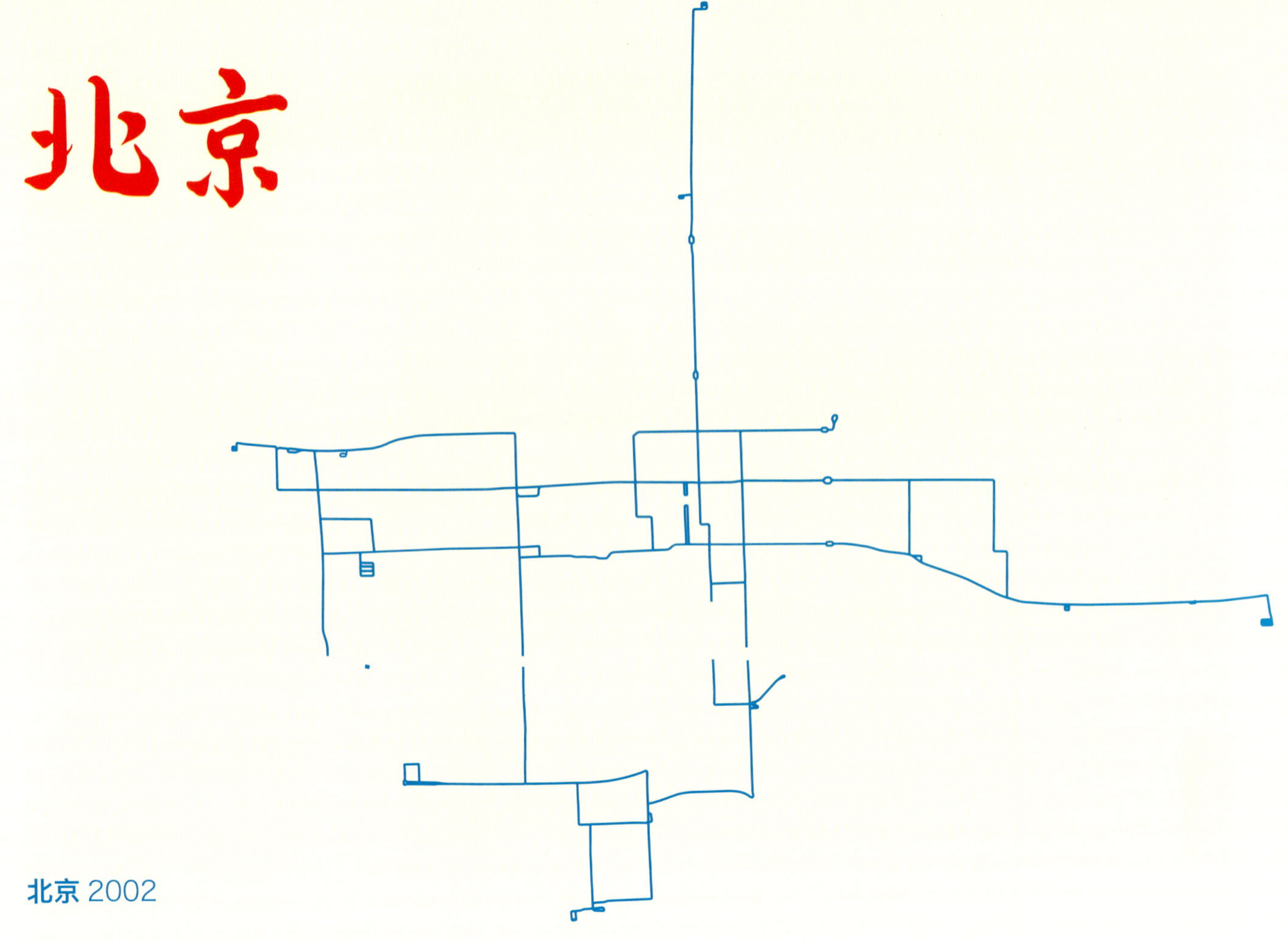

北京 2002

清光绪二十三年（1897 年），津卢铁路由卢沟桥站经丰台站向北京方向延伸，当年 6 月在北京外城以南的马家堡建成一座大型客货车站。彼时的中国已经沦为半殖民地半封建社会，帝国主义列强在内城东交民巷设立使馆区已逾十年。为了方便马家堡站到北京城内的交通，1899 年英国人修建了一条有轨电车。这条线路长约 2.5 公里，起点在马家堡火车站前（今南三环与马家堡路交会处），终点位于护城河北岸永定门瓮城西侧城墙下，运行 2 辆西门子电车。

马家堡火车站至永定门有轨电车是中国第一个现代公共交通项目，它诞生于多灾多难的中国近代历史之中，命运注定极其短暂。此前中日甲午战争失败的结果已使中国陷入空前严重的民族危机，民众受内外双重剥削，难以聊生。1898 年，百日维新运动失败，紧随其后便是 1899 年义和团运动爆发。卢保（卢汉）铁路沿线是洋教会比较密集的地区，1900 年 4 月，卢保铁路北段周边民众纷纷成立拳厂，掀起反抗教会的斗争，并以“反洋”为名义破坏铁路，抵抗清军。至 5 月初，高碑店、涿州、卢沟桥等车站都被烧毁。5 月中旬，沿铁路渗入北京的义和团逐渐起势，杀洋人、烧毁洋教建筑，在城内引发多处大火。6 月 12 日，马家堡火车站连同有轨电车俱被焚毁。慈禧太后眼见失去控制北京局势的能力，又想利用义和团对外国宣战，结果便是八国联军侵入北京，朝廷出逃，给京城百姓带来了更加深重的灾难。

清朝覆灭，北洋政府坐镇北京，1913 年 5 月，北洋政府与中法实业银行签订《五厘金币实业借款合同》，向法国贷款 1 亿法郎，用于浦口口岸和北京的市政建设，其中一项就是在北京兴建有轨电车。1913 年 10 月，北洋政府拟议筹建北京电车公司，但是 1914 年第一次世界大战爆发，致使法国财团无暇顾及北京电车项目，其间也曾有上海资本家试图组建“北京华商电车公司”未果。直到 1921 年 5 月当局才成立电车公司筹备处，开始向社会募集股份，1921 年 6 月 30 日，北京电车股份有限公司成立。

北京电车虽为官商合办的股份制公司，但因官方资本来自法国贷款，所以规定公司所需车辆、钢轨、供电等一切设备必须从法国购买。电车公司的经营运作由法国人掌控，官股董事由政府委派官僚兼任，商股董事为大商人和资本家，日伪时期还曾由汉奸强行充任。这些人只顾己方

20 世纪 50 年代，环行电车即将驶过天安门，经过整修的 100 型机车和 200 型拖车

利益，疏于管理，再加上保守势力将有轨电车视为异类，各种缘由加以阻挠，以致电车经营极不顺利。

北京有轨电车于 1923 年 5 月开始修筑，1924 年 12 月 14 日，1 路电车前门至西直门段通车，12 月 28 日又开通前门到北新桥的 2 路。1925 年 1 月 23 日，开行东四牌楼向南经东单、西单到西直门的 3 路，5 月 1 日开行北新桥向西经鼓楼、地安门、厂桥到太平仓的 4 路，9 月前门到天桥的双轨建成，1 路、2 路延至天桥。1927 年 4 月 6 日开辟 5 路电车，由宣武门经西单、长安街、东单到崇文门，同年取消一等、二等席位共 28 种票制，改为大洋 3 分钱起价，最高 6 分。

有轨电车是北京最早的现代公共交通工具，电车的运行象征着现代文明驶入这座古都，电车的发展与传统势力必然有所冲突，或被反动势力所利用。1928 年 6 月，北洋政府垮台，北京更名北平，国民党北平党部纠集各路封建行会，组建“北平市总工会”，实际仍为受官绅控制的行会组织，而北平最底层的苦力劳工仍旧处于被压迫的地位。1929 年 7 月，电车公司准备开行环行线路，计划 8 月起每晚 7 点半至 12 点运营。此时正逢“工会”内部权利争夺激化，总头领为打压电车、电力工会，遂利用人力车夫长期以来对生活的不满情绪，把人力车生计凋敝的缘由一再引向有轨电车，受煽动的人力车工会终于在 10 月 22 日发生暴动，砸毁、推翻有轨电车 63 辆，电车中断运营 18 天。人力车夫暴动很快被当局弹压，4 位闹事者被处死刑，成为国民党内部争斗的牺牲品。“北平市总工会”于 1930 年 2 月撤销。

英国人 1899 年修建的有轨电车可能有过从永定门进城通到东交民巷使馆区的计划，庚子事变八国联军占领北京之后，英国侵略者放弃马家堡站，于 1901 年擅自将铁路延伸到北京城里。这条铁路从马家堡西边向东北方向引出，经永定门外向东从天坛东南角斜穿外城南墙，直至东便门左转向西，横穿崇文门瓮城终到正阳门东车站。同一时期，卢汉铁路经卢沟桥站向东延长，从西便门南侧进城，绕过宣武门瓮城终到正阳门西车站。这两条铁路的阻隔造成崇文门内外电车线路始终不能连通，宣武门外电车也未能修筑。1930 年 7 月 14 日，外城开辟崇文门（外）经磁器口到珠市口的 6 路电车，1931 年 1 月由珠市口经虎坊桥向北延伸到和平门。6 路和 4 路均为单向轨道，每隔 500 米设一处会车侧线。

1979 年制造的第二辆 BD562

1937 年卢沟桥事变之后，日伪当局强占北京电车公司，撤换了官、商董事，仍保留法籍董事，电车线路基本没有发展，但从 1938 年起连续五年实现盈利。1938 年 1 月，天桥到永定门的单线建成，开辟崇文门到永定门的“新 6 路”，1939 年 5 月 1 日缩短为永定门到天桥，更名 7 路。1942 年 9 月建成虎坊桥到菜市口的轨道，6 路 1943 年元旦改行崇文门到菜市口，虎坊桥到和平门的轨道随即拆除。

北京电车公司 1922 年从法国购置 60 辆有轨电车机车、30 辆拖车，以及 4 辆货车、2 辆洒水车和 1 辆工程车，总价 55000 英镑，1923 年 5 月到货。这批购入的实际是 90 套电机车和拖车底盘，由裕信营造厂在法华寺街电车修造厂安装木制车身。机车底盘为当时国际主流的 Brill 21E 型 2 轴 4 轮形式，配 2 台 22kW 电机。组装成的电机车长 9.42 米，宽 2.1 米，拖车长 8 米，两车组成“一动一拖”总载客量约 100 人。机车命名为 100 型，编号 1~60，拖车从 201 开始编号，命名为 200 型。日伪时期北京电车增加了 500、700 和 800 型 3 种双转向架 4 轴 8 轮有轨电车，共 23 辆，还有 13 辆 300 型拖车。这批车辆均为二手车或旧车拼凑制成，已知的来源有：名古屋铁道岐阜车库、武藏中央电铁、京王电铁、北海道洞爷湖电铁、上海华商电车公司等。为了容纳新增的有轨电车，1940 年，电车公司又租用西直门内交通银行仓库建立了北车场（今西直门内大街 273 号）。

1945 年抗战胜利时北平（日伪时期曾复称北京）电车经营走到最低谷，车辆无人维护，每日出车不足 10 辆。国民党当局重新改组电车公司董事会，整顿营业，翻修电车 60 多辆以维持运营。1945 年底，北平电车公司初步设想引进美国无轨电车，并委托协和医院欧阳旭明博士赴美期间顺带考察电车，不过此事未有结果。国民党治下的北平电车随时局变化每况愈下，1947 年全段最高票价已涨至 5000 元（法币），1948 年解放前夕电车系统几乎陷于瘫痪。1949 年 1 月 31 日，北平和平解放。2 月 3 日解放军举行入城仪式，人民军队昂首阔步，经永定门、天桥走进正阳门，特地行经东交民巷，宣告帝国主义侵略中国的历史彻底结束。

北平解放时，军管会接收有轨电车和拖车共 143 辆，但只有 49 辆可以行驶。新中国成立以后北京电车事业开启了自己的新生，在旧社会饱受欺凌的电车司机、售票员成为电车公司的主人。经过电车工人夜以继日的修复，1949 年年底完好电车已有 103 辆，并且在 1950 年 3 月 16 日开行了旧社会未能实现的环行电车。1952 年，北京电车公司结合 501、506 号电车的技术，试制成功双转向架电车，命名为“52 式 8 轮有轨电车”。52 式电车长 12 米，宽 2.1 米，配装 2 台 26kW 电机，气压制动，至 1954 年共生产 55 辆。1953 年，北京第三座有轨电车场在永定门外桃园东里建成。1956 年 7 月 10 日，8 路有轨电车开通，从西直门经西单、

1986 年 6 月 21 日，103 路京一型铰接电车行驶在北海大桥

前门、天桥、红桥到北京体育馆。1957 年 10 月，北新桥到东直门双轨建成，4 路调整为西直门到东直门。1957 年北京有轨电车年客运量达 1.57 亿人次，运营有轨电车 250 辆，其中 4 轴 8 轮电车 61 辆，2 轴电车 98 辆，拖车 91 辆。1958 年 7 月 29 日，1、2、7 路有轨电车延长到永定门火车站（今永定门汽车站公交总站），北京有轨电车达到历史最大规模，9 条线路总里程 79.8 公里。

1958 年 8 月 22 日，北京市第三届人民代表大会决定，为了加快城市改建，要在 1959 年 10 月以前将内城的有轨电车和外城菜市口至蒜市口（磁器口）的轨道全部拆除。这个决议从 1958 年 10 月开始实施，到 1964 年只剩永定门火车站经天桥、天坛北门、红桥到北京体育馆的有轨线路。1966 年 5 月 6 日，北京有轨电车系统停用。对于我们这一代人来说，老北京有轨电车仅仅是老辈人口传心授的铛铛（读儿化音 diang diang）车，对它最经典的印象莫胜于电影《青春之歌》末尾林道静那慷慨激昂的一幕，未来我们将继续寻着历史的脚步为它搭建起更完整的形象。

北京市在 1955 年 10 月确定建设无轨电车，并且决定自力更生，自主开发无轨车辆。在北京市公用局副局长朱临的领导下，由一机部汽车局协助，成立了由瞿汝彪、李英武、孙克燕、陆兆凤、张斐卿、张宝琏等人组成的无轨电车设计组。1956 年初，北京市公用局以右安门内汽车修配三厂为基础，从上海友福车身厂、上海电车公司、南京公共汽车公司抽调 100 余名技术人员支援北京，成立无轨电车制配厂，由唐根堂任厂长。当时国内只有上海、天津和沈阳利用旧卡车底盘改装生产无轨电车，完全国产化的无轨电车尚无先例。设计组参考斯柯达、伊卡罗斯和吉斯客车的技术特点，确定新型电车采用斯柯达 706RO 的骨架和车窗设计，结合伊卡罗斯 30 的半承载底盘结构。底盘传动部件源自长春一汽准备投产的解放 CA10 卡车，从一汽定制大速比（9.28）解放驱动桥，以及前桥和转向机构。动力选用上海电机厂利用苏联援助技术生产的 86kW 复激式电动机。1956 年 5 月，无轨电车图纸设计基本完成，转入样车试制阶段。在试制过程中，以陆兆凤工程师、张宝琏副厂长、老工人沈耳等人为代表的三结合技术小组，成功解决了车身断面系数计算、解放 CA10 前桥承载力不足、底盘负荷分配等一系列难题。

1956 年 8 月，样车试制完成。新电车长 9.4 米，宽 2.45 米，额定载客 83 人。这是中国第一辆自主设计的无轨电车，也是北京第一辆无轨电车，因此命名为“北京一型”（1959 年定为 BK540 型）。京一型电车的涂装由方成、钟灵两位美术家选定配色方案，清新的浅蓝色与乳白色涂装相比沉闷的深红色有轨电车，给古老的北京增添了焕然一新的气象。1956 年 10 月，阜成门到西四段线网已经建成，京一型样车在此路段进行测试，各项性能均达到技术要求，开始批量生产。

80 年代初英国游客在平安里太平仓胡同拍摄的京一型电车，这条胡同曾经通行 4 路有轨电车

1957 年 2 月 26 日，1 路无轨电车从阜成门经西四丁字街、北海、景山前街至北池子大街北口路段率先建成通车。8 月 13 日，从动物园至朝阳门全线贯通，长 11 公里。12 月 1 日开通 2 路无轨，由动物园经甘家口、三里河至木樨地再向东过复兴门终到西单，全长 7.2 公里。1958 年 2 月 17 日，2 路延长到前门，4 月 28 日开通无轨电车 3 路，由动物园到崇文门，10 月 3 日 4 路无轨电车安定门至崇文门段开通。

1959 年国庆十周年前夕，北京市掀起了城市建设高潮，无轨电车也在加速扩建。3 月 10 日，内城 5 条有轨电车全部停驶，同日开行西直门到前门的 5 路无轨电车、4 路环行和 24 路汽车，3 月 26 日又开通东直门经台基厂到前门的 6 路无轨电车，替代 2 路有轨电车。8 月 10 日开通 7 路无轨，替代 4 路有轨。前三门外的铁路 1958 年开始拆除，原京奉铁路正阳门东车站停用，8 路无轨电车于 1959 年 9 月 15 日直接引入新落成的北京火车站。同年 12 月 17 日开通广安门到朝阳门的 9 路和木樨地至崇文门的 10 路，至此北京无轨电车已经发展到 10 条线路、297 辆电车的规模。

北京电车制配厂 1958 年改为北京客车制配厂，1959 年开发出 BK560 京一型铰接式无轨电车，长 14.75 米，核载 134 人。1960 至 1963 年，北京陆续开辟 11、12、13 路电车和东酒路（东直门—酒仙桥商场）、北酒路（北京站—酒仙桥商场）两条郊区电车。到 1966 年有轨电车停用时，北京已经开行 15 条无轨电车，运营电车 440 辆，其中 171 辆 BK560 京一通道电车（含 29 辆京一单机改装的通道车）、72 辆斯柯达 8Tr、197 辆 BK540 京一单机。无轨电车线路北至和平里住宅区，南到永定门火车站，东部通达酒仙桥电子工业区和十里堡纺织厂，构成了庞大的电车网络，线路总长 172.37 公里，成为北京公共交通系统重要的组成部分。

北京地铁工程开工之后，经过复兴门外大街和前三门顺城街的电车线路变动较大。首先是 1966 年 9 月 2 路和 10 路离开木樨地，改行玉渊潭东门、月坛南街至儿童医院到复兴门。5 路在 1967 年 5 月 22 日改由菜市口、珠市口到天桥。1967 年 6 月，8 路和北酒路终点临时调整到建国门外。1969 年，2 路西段拆分为白石桥经木樨地终到礼士路的“北 2 路”，

1995 年 12 月 23 日，景山东街

原 2 路电车以西四为起点向南经菜市口、虎坊桥到永定门火车站，10 路改为天桥到幸福三村。1969 年 11 月 25 日，北酒路缩短到大北窑，“北 2 路”于 1971 年 10 月 3 日改为 14 路。

70 年代北京电车规模不断缩减。1974 年北酒路、东酒路改用汽车，1 路电车在 1975 年 12 月 30 日也改为汽车线路。1976 年 5 月 1 日，北京公交线路编号升级，电车公司运营的市区线路变为 1 开头 3 位数字，郊区线路使用 400 号段。1976 年底和 1977 年初，110 和 113 路“电改汽”，北京电车线路减至 11 条，触线网总长由 1959 年的 85.8 公里减少到 63 公里，变电站减少到 10 个，电车数量没有增加。

京一型 BK540 和专供外地的 BK541 型共生产 468 辆，1969 年停产。BK560 京一通道电车 1959 至 1966 年共生产 312 辆。北京电车公司在 1968 至 1969 年用 14 辆京一单机拼装出了 68-1 和 68-2 型（外观仿照 BK651，也称黄河型）铰接电车各 7 辆，此后十年北京无轨电车生产基本停滞。

1978 年 11 月 20 日，电车公司利用工体北路、工体东路闲置的线网，开辟平安里至十里堡的 115 路。1979 年 12 月 15 日，104 路改用汽车，1982 年 3 月 1 日又改回无轨电车。1984 年 114 路延长到紫竹院，1985 年 12 月 28 日，新开 118 路电车，由平安里至红庙，同时 115 西端缩短至霞光街。1987 年康家沟电车场建成，10 月 15 日 112 路延长到康家沟，1989 年 3 月 27 日，115 延长到康家沟，112 缩短回十里堡。

北京有轨电车淘汰之后，法华寺电车场成为无轨电车修配厂，1979 年更名北京电车制配厂，同年成功开发新一代铰接式无轨电车 BD562。这款车采用可控硅调速、球形铰接、大幅面风挡玻璃等新技术，全面替代了京一型和斯柯达 8Tr。BD562 到 2006 年停产，累计生产 1000 余辆，它不仅是北京电车的绝对主力，更是哈尔滨、西安、太原等城市的主要车型，成为中国最经典的无轨电车之一。

1991 年，北京 525 辆运营无轨电车（不含 BJD5170 样车）全部为 BD562，无轨电车线路 13 条，103 和 104 路还各有一条同线的汽车快线。108 路北端终点 1991 年底由和平里调整到五路居，1992 年 11 月 30 日向北延伸到大屯，104 路则在 1994 年 5 月 8 日调整到五路居，和平里电车场拆除建楼。

1995年6月19日，为大兴黄村卫星城配套建设的远郊无轨电车410路开通运营。410路长15.5公里，完全独立于市区电车系统之外，原规划通车到北京西站，实际由黄村火车站到玉泉营环岛南侧终点调头，同时开行玉泉营到北京西站的“410北线”汽车。410路配备11辆BJD-D90C型18米级电车和若干BD562，是当时国内唯一远郊大容量无轨电车线路。1999年7月26日，因京开高速工程，410电车改为黄村到北京西站的410路汽车，BJD-D90C提前退役。

北京是较晚实施公共交通市场化经营的城市，1997年以后才开始大规模开设专线车和空调线路。但因北京公交客流庞大，首都又必须保留公益性公交线路，所以北京公交没有向其他城市那样积极淘汰铰接客车，BD562电车一直使用到2006年4月，BJD562D(1997年制造，共61辆)运行到2007年3月退役，北京公交从1960年至今从未中断使用铰接式公共汽车和电车。

1998年4月至1999年9月，为配合平安大街建设工程，118路停驶，107、111、115路改线。当时全国电车系统纷纷关停，北京电车也面临着生存选择。是就此放弃电车？还是为保卫首都的蓝天，加大投入发展双源电车？北京选择了后者。1999年9月王府井步行街改造完成，103路使用BJD-WG120A双源电车和加装辅源的BJD562D，脱线通过王府井步行街。2000年以后，东单、西单和木樨地路口也陆续拆除线网，横穿长安街的线路全部更换双源电车。BJD-WG120A分三批共生产391辆，第二批45辆WG120A投用之后，北京电车数量略有增加，2000年7月26日，已经“电改汽”二十五年的101路恢复使用无轨电车。2001年8月1日，北京公交利用既有线网和103路换下的第一批WG120A新开124路(大屯—西四)，电车线路增加到15条。

北京电车制配厂法华寺老厂区于1995年停产，场地被天民海鲜市场和天客隆超市租用。2009年老厂房翻修一新，准备开办公交博物馆，但计划搁浅，后来改造成德必有邻园区。2001年，永定门外电车大修厂转交北京巴士公司，北京电车制配厂不再大批量制造无轨电车，由北京公交集团保留电车生产资质，煤矿订购的华宇电车转由阜外电保厂生产。

2001年7月13日北京申奥成功，城市发展进入奥运筹办阶段，在以人文、环保为理念的奥运城市基础设施建设进程中，北京电车系统地位稳固，车辆不断更新换代。2005年8月，北京电车制配厂联合中国兵器集团北方客车开发出中国第一辆3门低地板无轨电车BJD-WG120KS。2006年4月，京华客车生产的76辆BJD-WG120DK空调电车和71辆BJD-WG160A型15.6米铰接电车投入运营。同年8月，由北京电车制配厂、南车株洲电力机车研究所和青年汽车联合研制的BJD-WG120N(JNP6120GD)尼奥普兰低地板无轨电车样车送交北京电车公司测试，此车采用IGBT电控和三相异步电机，ZF低地板车桥。2007年1月，99辆青年尼奥普兰电车交付北京公交，分配给103和108路。京华客车

在 2008 年生产了 100 辆 BJD-WG160B 型后置电机铰接电车和 60 辆 BJD-WG120EK 空调电车，这批车在 2009 年 3 月开始服役，北京运营电车达到 800 辆，全部为双源车型。

2009 年，京华客车关厂停产，北汽福田接续北京公交客车生产任务。2012 年 5 月，福田制造的首款无轨电车，110 辆 BJD-WG120F，和 70 辆第二代青年“电尼”BJD-WG120N2 上线运营，这两款车是北京第一批锂电池双源无轨电车。同年 10 月，BJD-WG120A 斯太尔电车全部退役。

2013 年 11 月，和平里北街再次架起电车线网，12 月 29 日，1982 年开始运营的“104 快车”汽车线路变为 127 路电车，无轨电车重回和平里，127 路又在 2016 年 7 月 26 日调整为新 104 路电车。127 路开线使用福田 BJD-WG120F，在城铁柳芳站（原和平里火车站公交总站）以东单向环行路段无线网行驶 4.5 公里，远超以往铅酸电池无轨电车的技术性能，初步显现了锂电池辅源的优势。在此基础上，为了加快推进首都空气污染治理工作，北京市规划了以在线充电式电动车技术为依托的电车系统扩建计划。

2014 年 10 月 30 日，116 路成为这一计划首条实施“油改电”的线路。2014 年底，北京公交订购的 420 辆锂电池双源电车陆续交付，包含 260 辆福田 BJD-WG120FK，60 辆青年 BJD-WG120N2 和 100 辆青年 BJD-WG180N 型 18 米电车。从 2015 年 1 月开始，BRT3、42、38 路等汽车线路陆续改用无轨电车，北京电车路号也不再拘于 100 号段。年末 BRT1 更新 40 辆福田 BJD-WG180F，逐步更换电车。2016 年，北京公交又增购 186 辆福田 BJD-WG120FL，90 辆 BJD-WG180FA(40 辆左开门，50 辆右开门），以及 BJD-WG120FM、BJD-WG180FB 样车各 1 辆。2017 至 2020 年再增加 358 辆 BJD-WG120FN 钛酸锂电池“在线充”电车。随着新型电车大规模投运，6、22、301、BRT2、110、117、3、65、113、128(原 685)、19、70、635(现 135) 等线路先后改用无轨电车，其中 301 和 135 路使用纯电动车混合运营。

仅用三年多时间，北京公交集团在天通苑小区、成寿寺路、右安门内大街、北太平庄路等路段架设线网 105.66 公里，电车系统规模相比 2013 年扩大 81%。无轨电车线路至 2021 年发展到 33 条，运营无轨电车 1276 辆，教练电车 39 辆。

北京电车系统快速扩张离不开新能源汽车技术的进步和北京市对环保事业的极大投入。锂电池无轨电车与经过升级改造的北京电车触线网络相结合，造就了全世界最大规模的在线充电式无轨电车应用系统。在此系统之中，所有线路均有脱线行驶路段，老城文化核心区线网基本拆除，景山、北海、故宫等历史文化景观得到部分恢复。

2022 年 4 月 16 日，六十二年历史的 112 路电车撤线，当晚百余位公交爱好者前去送行。112 车队为此专门从亮果厂总站同时发出两辆末班电车，满载车迷一同告别 112 路。112 撤销之后，北京仍运营 32 条无轨电车，线路总长 458.5 公里，是当今世界唯一无轨电车超千辆的城市。

1989 年生产的水沿窗低腰灯 BD562，北京电车自编号在 1999 年改为 85 开头

1990 年生产的圆角窗 BD562(2977)

双源 BD562，BJD562D 和 10 辆 BD562 在改造双源电车的同时也将涂装改为蓝灰色

2005 年 6 月 26 日，红庙总站

BJD542J 教练电车，左侧是给官地煤矿打造的最后 2 辆 BJD562

2006 年 4 月 9 日，最后一次在北京乘坐 BD562，112 路 85298(3014)

410 路 BJD-D90C 型 18 米无轨电车

BJD-WG120 样车 85013

2006 年 2 月 4 日，东直门外总站

2007 年 3 月 24 日，东直门外总站，BJD562D 即将退役

BJD562D 车内

2007 年 1 月 28 日，105 路通过西四路口

2005 年 4 月 24 日，复兴门外大街

2006 年 4 月 9 日，在 112 亮果厂终点站调头的 101 区间车，当时不经过长安街的双源电车都卸下了辅源电池，不能脱线行驶

广安门立交桥中间层的超低线网

2004 年 10 月 5 日，104 路 BJD-WG120C 冷王空调样车 85892 停靠地坛车站

BJD-WG120KS 型 3 门低地板样车选用国产低地板车桥，ZQ-90 电机，华强空调

2009 年 3 月 15 日，109 路 BJD-WG120A 驶出东大桥总站

2007 年 7 月 7 日，天坛忠恕里已经开始拆迁，天桥电车总站还保留着 80 年代的老式站棚

2007 年 8 月 19 日，北京南站（现永定门汽车站公交总站），BJD-WG120KS 仅在 106 路服役数月，此后再未上线运营

2012 年 4 月 7 日，康家沟电车场，112 路于 2008 年 3 月 1 日延长到康家沟，原十里堡电车总站改建为道路

2009 年 1 月 30 日，阜外电车保修厂，BJD-WG160B 新电车交付

2014 年 3 月 15 日，电保厂车间的 BJD-WG160A 和 160B，阜外电车保修厂 1957 年建成，见证了北京历代无轨电车的更迭

2011 年 1 月 2 日，美术馆路口 103 路第一代青年“电尼”，北京电车公司代码在 2010 年改为“9”

2015 年 8 月 23 日，安定门

2014 年 5 月 14 日，106 路 BJD-WG160A 经由西四前往阜外电保厂

2011 年 10 月 29 日，白云路终点站的 BJD-WG120EK 和 BJD-WG120DK

2012 年 10 月 11 日，厂桥路口考试车队

2013 年 5 月 24 日，白石桥总站，福田 BJD-WG120F 与改为标准涂装的京华 BJD-WG120EK

109 路原色 BJD-WG160B

东酒路无轨电车 1974 年改用汽车，1976 年更名 401 路，酒仙桥路现存 8 根带悬臂梁的电车线杆

105 路前身是 1924 年开通的 1 路有轨电车，2006 年 105 撤出珠市口西大街改行永安路、虎坊路

3、128、135 路无轨电车分别由公交市场化时期开辟的 823、812、815 路空调专线演变而来

106 和 6 路 BJD-WG120FK 通过红桥路口，6 路汽车源自北京最后一段有轨电车，2015 年改为无轨电车线路

BRT3 区间青年 BJD-WG180N 驶出温都水城

301 路是现今北京唯一有售票员的电车线路，由青年 18 米电车与 12 米无轨电车、纯电动车混合运营

BRT1 的左侧 3 门 BJD-WG180FA 经过珠市口

BRT2 的 4 门 BJD-WG180FA，北京 BRT 无轨电车新建区段线网额定电压 750V

2021 年 11 月 24 日，行驶到万宁桥降杆的 124 路二代“电尼”

万宁桥始建于元至元二十二年 (1285 年)，1925 年桥上始通 4 路有轨电车，1959 年改行 7 路无轨电车

近些年西四丁字街、北海、景山前街、五四大街的线网逐步拆除，满足了古建周边的景观需求

2021 年 4 月 16 日，西四路口降杆转弯的 3 路和 102 路，经过不断简化，2023 年这里只剩南北向电车触线

2022 年 4 月 14 日，美术馆路口，撤线前两天的 112 路高峰线，BJD-WG120FN

2019 年 10 月 14 日，103 路从王府井大街转向金鱼胡同，次日王府井步行街北段开始改造，公交线路撤出

38 路南行在缸瓦市站升杆挂线，行驶 300 多米之后降杆右转，可能是全国最短电车充电行驶区段

东直门公交枢纽停放的 BJD-WG120FN1 型教练电车

2018 年 6 月，公交驾校，由奥运纯电动车改装的教练电车已经停用

2017 年 4 月 3 日，即将退役的第一代“电尼”

115 路长 12.3 公里，曾经是北京线网覆盖率最高的一条“在线充”电车线路

2022 年 11 月 28 日，115 路在东八里庄临时停站等点

北京109路是我对无轨电车认知的起点。懵懂记忆中109电车就在广安门桥北的护城河西岸发车，白广路、牛街、教子胡同、菜市口、校场口……都是我最早记住的北京地名。109路京一电车的木条座椅和呆萌可爱的造型也对我有着特殊的吸引力。

1990年8月开工的西厢工程将广安门外北滨河路电车总站改建为二环路，109广安门终点移至护城河东岸。印象中好像是1994年9月底的一天，广安门外大街改造工程已经收尾，我下学骑车路过北钢南门，见到路边有两条很粗的铜电缆一直摆放到湾子路口。这是我第一次见到尚未氧化变黑的红铜色的电车触线，立即意识到眼前的架线施工应该是在为109延长做准备。1994年11月5日，109西延至北京西站。1999年109又缩线回到广安门桥东北角，广安门发车单向绕行核桃园西街、北线阁，再右转到广安门桥东转盘调头，直至2007年109才回到北京西站南广场。

2003到2008年是我乘坐电车最频繁的几年，106、115、118的头班和末班都是我下夜班经常坐的线路。记得106用562D时期，从东直门坐上末班，每到东单车站总能和南边开来的106末班精准对接，两边司售下车，过马路互换车组继续运营，这种交班方式让人称奇。后来单位搬到安华里，我下班会特意到甘水桥站等108的“电尼”，这款电车的国际一流设计让我第一次感受到了公交的先进和坐公交的优越感。那时回到家第一件事就是上网打开公交论坛，看帖、回帖，在和网友的交流中逐渐认识到BK670、BD562这些老车的人文价值，又为关停的电车系统感到惋惜。

2006年4月初，眼看112的BD562已经所剩无几，顾不上伤感，在一个周日的下午，我独自前往亮果厂与这款经典电车告别。在为总站的每一辆电车拍下照片之后，16点20分坐上85298，用时50分钟到达十里堡。在这最后的50分钟里，我尽可能地回味着属于“BEIJING”电车的时代记忆，这记忆贯穿三代人的生活，是一段充满温情的成长记忆。

我想只要是在电车城市生活过的小伙伴们，都会有一份属于自己的与电车同行的记忆，这些记忆汇聚在一起，也就有了《电车行记》。